천년의 기억
우리들의
경주

천년의 기억
우리들의
경주

서명수 글·사진

서고

차례

추천의 글   006

프롤로그   010

제1부 천년의 기억   019

경주에 가고 싶다   020

왕릉에 소풍가자   032

사라진 왕궁   042

여왕의 시대   053

신라인 처용   062

비담의 난 김유신의 회생   076

아비지의 꿈, 9층 목탑의 전설   084

포석정의 진실   093

황룡사 그리고 분황사   102

삼국통일의 제왕, 문무대왕   112

제2부 우리들의 경주   123

경주를 노래하다   124

대릉원의 봄   138

경주의 가을   151

경주에도 바다가 있다   161

경주바다, 주상절리의 바다   176

핫스팟 황리단길   186

신들의 산, 남산   195

천년고도 경주 그리고 교토   204

교토감성 경주감성   218

황금의 제국, 인디아나존스 신라   230

후기   240

추천의 글

시간과 공간에 대한 기억은 상대적이다. 저마다의 주관적이고 단편적인 경험에 바탕하고 있기 때문이다. 천년고도 경주에 대해 사람들이 갖는 시공간적 기억도 그러할 것이다. 혹자는 경주는 그동안 별로 변한 게 없는 도시라고 한다. 삼사십 년 전 수학여행 때 와서 보았던 모습과 크게 달라 보이지 않는다는 것이다. 부동산개발 열풍의 시대를 거쳐 온 다른 도시에 비하면 맞는 말이다. 각종 문화재 규제와 고도제한에 묶여 경주는 개발이 거의 이루어지지 못했다. 다른 도시처럼 높은 빌딩을 짓는 대신 오히려 사적지 주변 집들을 허물고 비우는 일을 해왔다. 때문에 경주는 개발이 한참 뒤처진 도시처럼 느껴지기도 한다.

혹자는 경주가 최근 확 달라졌다고 한다. 아마도 최근 MZ세대들의 '핫플'로 떠오르고 있는 황리단길의 영향이 클 것이다. 도심환경도 많이 깨끗하게 정돈되었고 월정교, 월성해자, 금관총 전시관 등 신라왕경 핵심유적들도 계속 복원되고 있어 볼거리, 즐길 거리도 다양해졌다. 도시외곽에 고층빌딩이 들어서고 있는 모습은 다른 도시들과 다를 바 없는 풍경이다.

서명수 작가의 신작 〈천년의 기억 우리들의 경주〉는 경주의 변화된 새로운 모습에 감탄하면서 동시에 변하지 않은 오래된 경주의 원형질을 탐구하고자 기억여행을 떠난다. 외관상의 변화보다도 오늘의 대한민국을 이룬 그 DNA가 경주에 있음을 확인하고 그 뿌리를 찾는 작업이다. 물론 작가의 경주에 대한 기억도 학창시절 수학여행에서부터 출발한다. 불국사 숙박촌의 좁은 여관방에서 새우잠을 자고 새벽일찍 토함산에 올라 일출을 보았던 기억, 불국사 청운대 백운대 계단에 올라 단체 기념사진을 찍었던 기억, 별 감흥도 없이 첨성대, 반월성, 안압지 등 지금의 동부사적지 일원을 휙 둘러보고 지나갔던 기억이 전부였다. 하지만 세월이 지나 나이가 들수록 경주의 가치에 새롭게 눈뜨게 되었고 오면 올수록 경주의 신비한 매력에 이끌려 짝사랑하게 되었다고 한다.

특히 작가는 경주만이 지닌 고분군의 독특한 풍광에 주목한다. 구조물을 통해 막강권력을 뽐내는 왕릉이라기보다 어머니의 젖가슴처럼 포근한 분위기의 고분길을 걷노라면 고분에 잠들어 있는 주인이 소곤소곤 말을 걸어오는 느낌마저 든다고 한다. 대릉원 주변 황리단길의 멋진 루프탑 커피숍에서 에스프레소를 마시며 바라보는 고분의 석양과 달빛을 경주 최고의 비경으로 친다. 로마, 콘스탄티노플, 시안, 교토와 함께 천년왕조의 수도였던 경주! 진한의 작은 부족국가에 불과했던 신라가 어떻게 삼국통일의 대업을 이루고 찬란한 황금문명을 구가할 수 있었는지 그 비밀의 열쇠를 찾아가는 일도 그의 큰 관심사다. 특히 작가는 신라에 의한 삼국통일의 의미를 애써 폄훼하려는 일부 소위 민족사학계의 주장에 대해서도 강하게 반박한다. 역사에 가정은 없다지만 만일 저들의 주장처럼 고구려에 의한 통일이 이루어졌다면 중국에 복속되어 한민족이 영원히 사라졌을지도 모른다는 게 그의 주장이다. 신라는 7년 대당전쟁을 승리로 이끌어 한반도를 식민통치하려고 했던 당의 야욕을 물리치고 오늘의 대한민국을 있게 한 뿌리가 되었다는 것이다.

이처럼 인구 100만의 국제도시로서 번성했던 신라도 하대에 이르러 서서히 쇠망의 길로 접어들게 된다. 골육상잔의 왕권쟁탈전과 부패, 지방호족의 발흥, 민심의 이반과 저항은 흔히 보는 제국패망의 공식이다. 작가는 신라 천년사직의 역사적 현장을 일일이 찾아 그 영욕과 성쇄의 전개과정을 글과 사진, 그리고 마음으로 생생히 전해주고 있다.

경주를 소개하는 책은 많다. 옛부터 경주를 찾은 시인묵객들이 저마다 감상을 글로 남겼고 최근에도 많은 소개서와 연구서가 출간되고 있다. 다들 소중한 것이되 일부는 편협하고 일부는 난해해서 대중의 접근이 어려운 게 흠이었다. 서명수작가의 이 책도 경주를 이해하고 연구하는데 소중한 기여가 될 것이다. 무엇보다 이 책은 경주에 대한 인문역사학적 지식과 정보를 풍성하게 담고 있으면서도 일반대중들이 읽기 쉽게 쓰여졌다는 게 큰 장점이다. 발로 취재하고 기록하는 작가의 철저한 저널리스트적 자세와 감칠 맛 나는 필력이 행간을 든든히 받치고 있기 때문이다.

역사와 기록은 쌓여가는 법인데 이 책은 가장 최근에 나왔다는 게 아마도 가장 큰 장점일 것이다. 신간이라 경주에 관한 최신 정보를 살뜰하게 전해 주고 있다. 특히 미식가인 작가의 취향을 살려 경주의 숨은 맛집을 군데군데 잘 소개하고 있어 여행객들에게 큰 도움이 될 것 같다(경주의 유명 국수집은 필자도 이 책을 통해 처음 알게 되었다). 천년고도 경주의 기억을 더듬고 나아가 경주관광의 방향까지도 제시해 주는 좋은 책이 모처럼 나오게 된 것을 기쁘게 생각하며 옥고를 다듬느라 수고해 주신 서명수 작가님께 감사와 상찬의 말씀을 드린다.

2023. 초가을
경주시장 **주낙영**

프롤로그

달빛이 교교(皎皎)하게 비치는 고분을 걸었다. 도심 한가운데를 독차지하다시피 한 고분은 허리가 잘록하고 부드러운 곡선을 가진 여인처럼 유혹했다.

고분에 잠들어있던 주인이 소곤소곤 말을 건네오는 듯 했다. 귀를 쫑긋하고 기울여봤지만 어디서 나오는 소리인지 분간할 수 없었다. 아마도 고분 속에는 우리가 모르는 지하세계가 존재하고 있는 것은 아닐까 하는 생각이 들었다.

천년의 시간이 흘렀다고 하지만 이처럼 거대하게 조성된 봉분의 주인을 알아차리지 못한다는 게 이해가 되지 않았다. 그래서 대릉원과 노서·노동 고분군은 죽은 이의 무덤이라기보다는 왕들의 사후세계를 위한 마련된 특별한 공간이 아니었을까라는 생각도 들었다. 우리는 아직 지하세계로 통하는 출입구를 찾아내지 못한 것일지도 모르겠다.

경주의 고분은 미국 뉴욕 센트럴파크가 부럽지 않은 '고도'(古都) 경주가 주는 소소한 선물이다. 고분 사이로 유유자적 산책을 하다가 벤치에 앉아 쉴 수도 있고 도시락 '피크닉'풍경도 자연스럽다. 이 '고분파크'에서 금지된 것은 아무 것도 없다. 고분을 배경으로

한 사진찍기가 요즘의 핫(Hot) 트렌드가 됐다.

  경주를 잘 알지 못했다. 아니 전혀 몰랐다고 하는 것이 맞다. 경주는 철없던 학창시절 수학여행의 추억이 깃든 불국사와 석굴암이 있는 고도로 기억 속에 저장된 도시다.
  어느 순간부터 느닷없이 경주에 한 번 가보고 싶어졌다. 다시 가게 된 경주는 낡고 오래된 도시가 주는 쓸쓸하고 황량함과 더불어 신비스러운 무엇인가가 잡아당겼다. 무엇보다 전혀 낯설지가 않았다. 첨성대와 월성 사이에 조성된 유채꽃밭을 거니는 사람들 그 사이로 엿보이는 '망국(亡國)의 수도'가 주는 묘한 슬픔이 가슴에 와 닿기 시작했다.

'황성 옛터에 밤이 되니 월색만 고요해
폐허의 설운 회포를 말하여 주노나
아 외로운 저 나그네 홀로 잠 못 이뤄
구슬픈 벌레소리에 말없이 눈물져요...'

고려 궁궐터 개성의 '만월대'를 보고 역사의 무상함을 느껴 만든 신파가요 '황성(荒城) 옛터'의 가사가 월성(月城)과 황룡사 폐허에서 느낀 정서를 그대로 옮겨 적은 것만 같았다. '성주풀이'에 나오는 '낙양성 십리하에 ~~'에 나오는 중국 허난성(河南省) '낙양'(뤄양 洛陽) 또한 9개 왕조의 수도로서 망국의 수도가 주는 공허함이 온 도시를 휘감고 있었던 것이 생각났다.

천년제국의 수도였던 경주. 그런데 그 이상의 묘하고 신비스러운 매력을 품고 있는 경주의 속내와 지하에 묻혀있는 듯, 우리가 알지 못하는 이야기들이 궁금했다.

해외여행이 일상화된 요즘, 경주가 로마제국 수도 '로마'나 '콘스탄티노플'(이스탄불) 혹은 중국 시안, 일본 교토에 버금가는 '천년제국' 신라(BC57~936)의 수도로 화려하게 빛나던 시절이 있었다는 것을 기억하는 사람이 몇이나 될까? 경주는 동아시아 최대 교역도시로 서역 상인이 드나드는 등 상주인구가 1백만 명을 넘나드는 동방의 황금도시로 명성을 누렸다.

그럼에도 우리는 경주와 신라역사의 진면목을 알아차리지 못하거나 애써 무시했다. 불국사와 석굴암, 첨성대 등의 유적 외에 기억하거나 볼 것이 없는 변방의 소도시로 치부하곤 했다. 경주에 대한 푸대접의 배후에는 신라역사에 대한 일종의 '폄훼의식'이 한 몫 했다.

우리 민족의 뿌리와 원형을 만주를 호령하던 고구려로 삼고, 외세(당나라)와 연합해서 고구려와 백제를 차례로 멸망시켜 삼국통일을 성공시켰다며 신라역사를 부끄러워하는 역사학자들이 있었다. 신라의 주도로 한반도가 통일되었지만 고구려와 백제 역사 역시 우리의 뿌리이자 역사의 한 축이라는 점은 변하지 않았는데도 말이다. 삼국통일은 고구려영토의 일부인 만주를 지배영역에서 잃어버리는 단초를 제공했다는 말도 안되는 이유로 말이다.

단지 '우리 민족의 뿌리는 만주를 장악한 고구려'라는 그릇된 환상에 사로잡혀 신라를 폄훼하고 왜곡시킨 것은 아닐 것이다. 그러나 그간 우리는 신라 역사에 대해 제대로 배운 기억이 없다. 천년신라의 절반인 오백년에 불과한 조선시대 역사는 '태종'에서부터 '순종'에 이르기까지 역대 왕들을 '태·정·태·세·문·단·세…' 하면서 '조선왕조실록'을 외우다시피 공부하면서. 신라의 시조가 누구인지 불세출의 업적을 남긴 신라왕이 누구인지 우리는 잘 모른다. 역사드라마로 선덕여왕이나 김유신장군 정도라도 기억하면 신라를 잘 이해하는 사람이었다.

역사에서 가정은 쓸데없다. '만일 신라가 아닌 고구려나 백제가 삼국을 통일했다면 한반도의 역사는 어떻게 진행됐을까?' 궁금한

점이 한 두 가지가 아니다. 수·당 제국과 전쟁을 벌인 고구려가 한반도를 통일했다면 중국대륙까지도 정복한 대제국이 되었을 지도 모른다. 그러나 수·당이나 그 후의 송·명·원·청 제국의 공격을 받아 역사에서 완전히 사라졌을 가능성이 더 높다.

삼국을 통일한 신라가 곧바로 착수한 것은 당나라와의 전쟁이었다.

신라는 10여 년 간에 걸친 당나라와의 전쟁에서도 승리해서 당의 입김을 몰아내고 통일국가를 이루는데 성공했다. 교과서는 이런 역사적 사실을 알려주지 않았다.

일본의 식민 지배를 거치면서 일부 사학자들이 고구려 중심의 민족사관을 내세우기 시작했다. 해방 후의 극심한 좌·우 대립의 갈등을 겪으면서 신라는 경상도에 위치해있다는 이유로 인해 외면당한 측면도 없지 않다.

식민사관 탈피를 내세운 민족주의 사학자들이 '고구려'를 우리 역사의 정통으로 간주하는 사관을 고집하면서 신라사는 외세와 연합해서 고구려를 멸망시킨 부끄럽고 나쁜 역사로 폄훼되는 결과로 이어진 것이다.

신라와 경주가 우리 역사의 뿌리이자 바탕이라는 사실은 부정할 수 없다.

고구려·백제가 멸망한 후 한반도에는 200여 년 동안 통일신라만 존재했다. 한반도에 사는 모든 사람이 '신라인'이었다. 옛 백제

땅과 옛 고구려 땅에 살아도 모두 200여년간 신라인으로 산 동시대인이다. 그들 신라인이 우리의 선조였고 한반도의 '오리진'(origin)이었다.

신라의 시조 박혁거세는 물론 석탈해와 김알지 등 신라 왕의 성씨인 박씨(朴氏)와 석씨(石氏) 김씨(金氏) 등 3성(姓)의 시조는 토착세력이 아니라 외부에서 신라 땅에 정착한 도래인이었다. 이들과 더불어 신라를 이끈 6부촌의 이씨, 정씨, 최씨, 손씨, 배씨, 설씨 등 6성(姓)도 신라인의 주류였다.

이들이 한반도에 살고 있는 한국인의 성씨의 근간이다.

한국인의 유전인자와 'DNA'는 고조선이나 고구려 백제가 아니라 '신라인의 DNA'다.

그제서야 우리는 수학여행을 가거나 처음 경주에 갔을 때도 경주가 낯설지 않고 편안하고 오래전에 살았던 것과도 같은 '기시감'(旣視感)과 '데자뷔(dejavue)현상'을 느끼게 되는 것은 우리 몸속에 존재하는 신라인의 DNA가 작용한 때문이라는 것을 알아차리게 된다.

나의 전생(前生)이 신라장군이었다는 느낌이 들 정도로 경주의 풍경이 낯설지 않았던 것도 그 때문이었다.

〈천년의 기억 우리들의 경주〉는 월성과 황룡사의 황량한 터만 파면 나올 것 같은 신라의 흔적을 찾아 나선 지난 1년간의 기록이다.

마치 우리들의 잃어버린 DNA를 찾아 나선 것과 같은 경주여행을 하는 내내 설렜다. 타임머신을 타고 마음만 먹으면 언제든지 천오백여 년 전 '경주'로 돌아갈 수 있었던 행복하고 신비로운 시간여행이었다.

　이 책이 나오기까지 도움을 주신 매일신문사와 경주시 및 주낙영 경주시장께 깊은 감사를 드린다.

2023년 9월

'천년의 역사'가 남긴 문화유적은 뛰어난 풍광을 자랑하는 제주도와 비교해도 뒤지지 않는 경주의 경쟁력이다. 주춧돌만 남아있는 대사찰의 빈 터에서 우리는 역사의 '공허함'을 느끼고 역사책이 가르쳐주지 않는 숨겨진 이야기를 추측하는 퍼즐게임의 재미도 만끽할 수 있다.

제 1 부

천년의 기억

경주에 가고 싶다

사라진 천년의 역사를 찾아 떠나자

경주에 가고 싶다. 경주에 살고 싶다.

'제주도 한 달 살아보기'가 국내여행 트렌드의 하나로 정착돼가고 있듯이 이제 '경주 한 달 살기'는 어떨까? 재택근무가 가능한 직장이라면 아예 일년 정도 머무는 것도 좋겠다. 혹시라도 한 달이 어렵다면 일주일씩 경주를 여행하는 것도 나쁘지 않다. 경주시가 아예 청년층을 대상으로 '경주 한 달 살기' 프로그램을 마련, 숙박비와 식비를 지원하기 시작한 것도 희소식이다.

누구나 일생에 한두 번은 경주를 여행했을 것이다. 중·고등학교 시절 수학여행을 갔거나, 신혼여행지로 경주를 다녀갔거나 '경주'에 대한 기억을 마음 속 깊이 갖고 있다. '경주'는 그래서 우리들에게 가장 친숙한 고도(古都)로 자리 잡고 있다. 베이비부머세대에게 경주는 불국사와 석굴암 외에는 특별한 기억이 각인돼있지 않을 수도 있다. 그러나 경주는 천년의 역사를 넘어 색다른 매력과 유혹이 넘치는 도시다.

요즘 경주의 '시그니처'라고 할 수 있는 대릉원 담장을 따라 형성된 '황리단길'은 우리가 기억하는 오래된 경주와 전혀 다른 오감으로 MZ세대를 유혹한다. 아니 MZ를 넘어 온 가족이 찾아나서는 명소로 북적거린다. 마치 삼국 통일후 경주가 페르시아는 물론 유럽과 아프리카 대상까지 몰려들면서 상업무역의 중심지로 터키 콘스탄티노플, 중국 시안(西安)과 더불어 실크로드의 종착지 국제도시로 이름을 날린 것처럼 말이다.

첨성대와 월성 황룡사 빈터와 대릉원, 오릉 그리고 노서동과 서악동 고분에 가면 수학여행길의 학생들이 재잘거리는 모습과 더불

어 커플티를 맞춰 입고 셀카를 찍는 선남선녀들을 어렵지 않게 만난다. 곳곳의 '사진 맛집'에선 한복을 차려입고 '인생샷'을 찍으려고 길게 줄을 선 풍경도 경주의 신풍속도다.

'천년의 역사'가 남긴 문화유적은 뛰어난 풍광을 자랑하는 제주도와 비교해도 뒤지지 않는 경주의 경쟁력이다. 주춧돌만 남아있는 대사찰의 빈 터에서 우리는 역사의 '공허함'을 느끼고 역사책이 가르쳐주지 않는 숨겨진 이야기를 추측하는 퍼즐게임의 재미도 만끽할 수 있다.

우리가 사랑한 시인들은 경주를 지독하게 사랑했다. 경주가 시인들을 유혹한 것은 상상력과 감성을 자극하는 사라진 역사에 대한 호기심 때문일 지도 모른다.

시인 강석경은 신라를 만나기 전 하나의 '디아스포라'에 불과했지만 경주를 만나 자신의 모태를 찾았다고 고백했다, 이성복과 유안진은 시집을 냈고 최승자는 경주를 사랑했다. 경주교도소에 수감된 박노해는 교도소 담장 너머의 왕릉을 통해 '자유'를 노래했다. 이하석 시인은 경주 남산을 샅샅이 누빈 끝에 〈코 떼인 경주 남산〉이란 책까지 펴냈다.
시인 김춘수는 시 '處容斷章'을 통해 경주 바다를 몽환적으로 그렸다.
'바다가 왼종일
생쥐 같은 눈을 뜨고 있었다.

이따금
바람은 한려수도에서 불어오고
...' (처용단장 중)

장율 감독의 영화 〈경주〉는 누구나 마음속 깊숙이 갇혀있던 경주를 소환해낸다. 배우 박해일은 자전거를 빌려 타고 시내를 다니다가 왕릉에 이르러 연인과 유치원 아이들을 통해 자신의 경주를 추억했다. 영화에서처럼 '에밀레종'이라 불리는 성덕대왕 신종은 신비스러운 울림으로 매 시간마다 온 도시를 깨웠다. 1천오백년 동안 단 하루도 쉬지 않고 중생들을 피안의 세계로 인도하던 종소리였다. 그것은 부처의 말씀이기도 했고, 번뇌의 세상에서 괴로워하던 인간을 구원하는 소리이기도 했다.

경주는 천오백년 전 역사로 통하는 타임머신이다.

경주에 가면 왕릉에서 뛰쳐나온 신라 장군이 된 듯한 기분이 들었다. 또는 드라마 '도깨비'의 한 장면처럼 천오백년 전 경주의 기억이 몽환적으로 떠오를 때도 있었다. 그 옛날 여기에 산 적이 있던 '기시감'(데자뷔)였을까? 그만큼 경주는 특별했다. 아스라한 원초적 기억처럼 우리 혈관을 타고 오르는 피에는 신라인의 DNA가 짙게 배어있다. 그래서 나는 '내 영혼의 뿌리는 경주'라는 것을 확신한다. 물론 우리 한국인의 DNA는 신화 속 단군보다는 신라인의 DNA가 더 많이 남아있다는 주장에 압도당할 이유는 없다.

다만 신라가 삼국을 통일하기 이전에 한반도에서 단일민족과 단일국가 개념이 존재하지 않았다는 것을 기억하자. 통일신라이후 백제와 고구려는 사라지고 모두 신라인이 되었다. 신라가 고려가 되고 고려가 조선으로 이어지는 역사를 통해 오늘의 우리가 존재한다. 경주를 통해 우리의 '오리진'과 정체성을 확인해보는 건 어떨까.

거듭 얘기하지만 역사에서 가정은 부질없는 짓이다.

만일 '신라가 아닌 고구려가 삼국을 통일했다면'이라는 가정을 통해 통일신라를 폄훼하고 정통성을 부정하는 주장이 난무하기도 한다.

그런 역사적 가정이 통한다면 오히려 역사 속으로 사라진 고구려처럼 우리 역시 그렇게 됐을 수도 있지 않은가. 그러니 신라가 한반도를 통일한 역사를 오히려 긍정하는 것이 좋겠다.

경주는 고분의 도시다.

　수학여행에서 처음 만난 경주는 놀라웠다. 대낮에도 공동묘지는 무서워 할 나이였다. 그런데 수많은 왕릉이 도심을 차지한 경주 시내는 이상하거나 무섭다는 생각이 전혀 들지 않았다. 어둑어둑해진 저녁에도 튼실한 고분사이를 다녀도 귀신은 커녕 도깨비불도 나타나지 않았고 왕릉이 무덤이라는 생각이 들지도 않았다.

달빛에 드러난 고분들의 능선은 제주도의 '오름'보다 아름다웠다, 낮은 구릉이 왕들의 무덤인지 모르고 경주사람들은 왕릉을 기둥삼아 집을 지었고 밭을 갈았다. 왕릉 사이로 해가 떴고 아이들은 능을 오르내리며 놀았다. 눈이 펑펑 내리면 왕릉은 눈썰매장으로 변했다. 그런 고향 경주의 추억을 이야기하는 친구가 부러웠고 그 친구의 '왕릉눈썰매장'이 그리웠다.

'왕릉뷰'는 박정희 대통령이 살렸다. 무엇이든 오래된 것은 '불도 저'로 밀어붙이던 '개발독재' 시대였다. 경주를 역사문화관광지구로 묶지 않았다면 지금 경주시내 고분이란 고분은 모두 사라지고 높고 낮은 빌딩차지였을 것이다. 고분사이로 삐죽삐죽 보이는 모텔 간판과 낡은 저층 아파트들이 '왕릉뷰'를 해치는 '애물단지'라고 지적하기도 한다. 그런 풍경마저도 경주가 주는 매력이다. 왕릉을 밀어버리고 빌딩숲을 만들었으면 어떻게 됐을지 생각만 해도 아찔하다.

경주는 도깨비 도시다.

경주에선 늘 도깨비를 만난다.
천년신라의 왕궁 '월성'을 느릿느릿 산보하다 계림으로 들어서자 누군가 함께 걷는 듯한 느낌이 든다. 뒤돌아보면 아무도 없지만 누군가의 '에스코트'를 받는다는 느낌이 들 정도로 편안했다. 경주를 지켜온 '도깨비'였을지도 모른다는 생각이 퍼뜩 들었다.

어느 어스름 저녁 북적거리는 '황리단길'을 피해 인접한 노서동 고분으로 접어들었다. 저녁노을에 비친 봉황대와 금관총의 풍경 그리고 곧바로 어둠을 비추는 가로등이 깜빡거리는 동네 풍경은 경주가 주는 최고의 선물이었다. 도깨비는 고분에 사는 것 같다.

느릿느릿 가을이 찾아 온 고분들 사이 꼬리에 꼬리를 무는 생각

을 멈추고 걷자. 그러면 순간 경주의 '천년' 도깨비들이 슬그머니 뛰쳐나와 함께 장난을 치는 기분이 들거나 운이 좋으면 함께 손을 잡고 춤을 추는 유혹에 빠지는 상상을 하곤 한다.

〈삼국유사〉는 김유신 장군이 회오리바람과 함께 수십 명의 병사들을 거느리고 무덤에서 뛰쳐나와 '미추왕릉'을 찾아와 하소연을 하고 돌아갔다는 기록을 전하고 있다. 설화 속 주인공 역시 도깨비들이었을 게다.

경주는 노천박물관이다. 땅 속 몇 미터만 파도 오래된 유적의 기억들이 쏟아져 나온다. 혹시라도 호리병 속에 갇혀있던 천년 묵은 도깨비들의 봉인을 해제하는 놀라운 경험을 할 수도 있을 것 같다.

경주는 사랑의 도시다.

신라가 불교를 받아들이고 '불국정토'를 만들고 거대한 탑을 세우고 석굴암을 조성하고, 삼국통일의 위업을 달성한 문무대왕이 용이 되어 나라를 지키겠다며 바다에 묻어달라고 한 것을 기억하는가. 나라를 지키는 호국(護國)이었다.

월정교를 건너다가 물에 빠진 원효대사를 파계로 이끈 요석공주의 요염한 미소가 가을날 동화처럼 생각나는 경주다.

1천5백 년의 시간도 왕릉을 무너뜨리거나 없애지 않았고 파헤치고 도굴하지도 않았다. 중국이라면 왕조가 바뀔 때마다 왕릉은 파괴되거나 도굴되고 훼손되는 것이 일상이었다. 경주의 왕릉이 발굴되고 도굴되기 시작한 것은 20세기 일제 식민지 때부터였다.

왕릉과 이웃한 황남동에 가면 6 25전쟁 때도 파괴되지 않은 낡은 게스트하우스가 여행자들을 맞이한다. 문을 나서면 곧바로 고분을 산책할 수 있고 찻길만 건너면 황리단길에 들어설 수 있다. 경주에선 특별할 것이 없는 '왕릉뷰'가 아름다운 한옥 루프탑카페에 가서 '스페셜티 커피'와 '마르가리따 피자' 혹은 '빠네 파스타'를 먹는 호사를 누리면서 한나절 시간을 보내는 것도 경주가 선사하는 유혹 중 하나다.

이제 닥치는 대로(?) 떠도는 이야기와 땅 속 깊숙이 숨어있는 이야기를 찾아내 우리가 아는 경주보다 더 '맛있는' 경주를 만나자.

왕릉에 소풍가자

누군가는 '타지마할'을 보러 인도로 가고 또 누군가는 '피라미드'를 찾아 이집트에 간다. 그러나 나는 비행기를 타는 대신 경주에 간다. 경주에는 타지마할 같이 국가재정을 낭비한 왕비의 무덤이나 피라미드같이 불가사의한 건축 비밀을 담은 왕릉은 없다.

대신 키 낮은 소나무들이 빽빽하게 둘러싸고 있는 수많은 왕릉이 기다리고 있다. 경주IC를 통해 시내로 들어오자마자 만나는 '오릉'은 신라 천년의 시조 박혁거세를 비롯, 남해 차차웅과 유리이사금, 파사이사금 등 4명의 왕과 알영 왕비를 비롯한 신라의 개국 주역들의 안식처다.

능역에 들어서면 소나무 숲 사이로 봉긋이 솟아있는 봉분이 보인다. 그러면 마치 할아버지를 만나러 온 손자가 된 것 같은 기분이 든다. 몸 속 깊숙이 가라앉아있던 신라인의 DNA가 왕릉을 보는 순간 더욱 고양되는 것 같다.

동서남북 어느 방향에서 보아도 완벽한 대칭을 이룬 걸작이자, 세계에서 가장 아름다운 건축물로 알려진 타지마할과 세계 7대 불가사의의 하나로 꼽히는 이집트의 '피라미드'는 대통령 영부인의 '버킷리스트'에도 올랐을 정도로 유명하다. 중국 시안의 진시황릉은 병마용을 비롯 엄청난 규모의 사후지하세계까지 갖고 있다.

'동방의 피라미드'라고 불리는 서하(西夏)왕릉도 세계적이다. 서

울근교에 산재한 40기의 '조선 왕릉'도 유네스코 세계문화유산에 등재되면서 조선왕실문화의 가치를 인정받은 바 있다.

이런 세계적인 왕릉들보다 경주의 신라 왕릉이 더 아름답고 더 소중하다는 것을 예전엔 미처 깨닫지 못했다. 황남대총과 천마총 등이 있는 대릉원, 노동리·노서리 고분군, 황남동 고분군, 서악동 고분군 등은 경주 도심을 독차지하듯 장악하고 있다. 고분이 주인 행세를 하는 셈이다. 도심 어디에서나 왕릉을 볼 수 있고 왕릉사이로 산책을 하거나 '조깅'을 한다.

황리단길 '루프탑'에 가지 않더라도 월성초등학교 앞 노서리 고분에 가면 왕릉뷰를 반찬삼아 조식을 먹거나 이탈리아의 마르가리따 왕비가 가장 좋아한 피자인 '마르가리따' 피자와 '에그인헬 샥슈카'를 먹을 수 있다. 타지마할과 피라미드에선 절대로 경험할 수 없는, 경주 왕릉이 줄 수 있는 특별한 선물이다.

경주를 경주답게 하는 왕릉

왕릉은 죽은 왕을 추모하는 공간이자 산 자들의 안녕을 기원하는 공간이다. 왕은 어느 시대에나 신(神)과 동일시되기도 했고 때로는 독재자로 군림하기도 했다. 죽은 후에도 왕의 권위를 과시하기 위한 수단으로 엄청난 규모로 왕릉이 조성됐다. 왕의 능역은 누구나 접근할 수 없는 신성한 공간이었다.

고려시대이후 풍수지리에 따라 왕릉이 조성됐지만 신라 왕릉은 왕궁 월성 주변에 집중적으로 조성되었다. 그 이후에는 자생풍수에 따라 왕궁과 멀지 않은 경주 주변의 나지막한 산에 조성됐다.

경주의 신라시대 왕릉급 고분은 1,850기에 이른다. 도심은 물론 서악동에도 무열왕릉이 있고 '삼릉'은 남산 자락에 있다. 선덕여왕릉과 진평왕릉, 흥덕왕릉, 원성왕릉 등 수많은 왕릉은 외곽에 산재한다. 전 세계 어디에서도 이처럼 많은 왕릉을 갖고 있는 도시는 없다. 왕릉이 만들어내는 '고분도시' 경주의 풍경은 오롯이 경주에서만 즐길 수 있다.

경주 왕릉은 다른 왕릉과 달리 닫힌 공간이 아니다. 누구나 언제든지 볼 수 있고 즐길 수 있다. 대릉원과 오릉, 그리고 태종무열왕릉을 제외하고는 왕릉을 구분하는 담장도 없다. 예로부터 왕의 무덤인 왕릉은 상서로운 기운이 넘치는 곳이었다. 그래서 백성들에게 쉽게 접근을 허용하지 않았고 참배하기도 어려웠다. 왕릉 주변

백성들도 먼 발치에서 참배하는 것이 고작이었다. 삼릉 주변을 '배동'(拜洞) 혹은 '배리'(拜里)라는 지명으로 부르게 된 것은 왕릉을 지나면서 참배했기 때문이다.

'경주를 경주답게' 하는 것은 신라천년의 수도 '왕경'의 궁궐터가 아니다. 불교문화의 정수로 불리는 불국사와 석굴암 혹은 사라진 황룡사 9층 목탑도 아니다. 세계사에서 유일무이한 '천년제국' 신라의 수도라는 역사가 경주를 특별하게 한 것도 아니다.

경주 시내 도심을 장악하고 외곽에까지 포진해있는 수많은 왕릉과 고분군은 세계문화유산으로 등재된 타지마할과 피라미드 그리고 조선 왕릉의 규모와 건축미까지도 능가한다. 왕릉이 중심을 차지한 경주 전역이 유네스코의 '역사유적지구'로 등재된 것은 그 때문 일게다.

뉴욕 한 복판에 센트럴파크가 있고 런던에는 하이드 파크가 있다면, 경주 도심은 노동·노서리 고분과 황남동 고분 그리고 대릉원이 차지하고 있다.

경주왕릉의 소나무

경주 소나무는 왜 왕릉을 감싸고 있을까? 경주 소나무는 또아리를 틀 듯이 하늘을 향해 용이 비상하듯 왜 비틀려있을까?

경주의 어느 왕릉을 가더라도 소나무들이 왕릉주변을 에워싸고 있다. 키가 크지 않으면서 삐뚤어진 듯, 덜 자란 듯 하면서도 천년의 세월을 견뎌낸 경주소나무다. 울진의 금강송이나 춘양목같이 쭉쭉 뻗은 소나무는 예로부터 궁궐이나 대갓집 서까래로 쓰였다지만 경주 왕릉 소나무는 휘어지고 삐뚤빼뚤해서 목재로서는 쓰일 수가 없다.

그러나 제각각 휘어진채 빚어내는 키 작은 경주의 소나무 숲은 소나무사진으로 잘 알려진 배병우 작가가 가장 사랑하는 소재였다.

경주 왕릉 중에서도 경주 소나무의 특징을 제대로 보여주고 있는 곳은 낭산 선덕여왕릉과 안강의 흥덕왕릉이 손에 꼽힌다.

경주 소나무가 천년 세월의 흔적을 온 몸으로 담아내면서 아름다운 자태를 뽐내게 된 것(?)은 이 지역의 토양이 소나무가 자라기에 열악하기 때문이라는 설(說)과 더불어 궁궐의 목재로 쓰일만한 소나무는 다 베어지고 못난 소나무만 살아남았기 때문이라는 두 가지 설이 있다.

즉 금강송처럼 곧은 소나무는 벌목되었고 휘어진 소나무만 살아남아 '경주소나무'로 고착됐다는 것이다. 대릉원과 오릉은 물론이고 삼릉, 흥덕왕릉의 소나무는 모두 하늘로 쭉쭉 뻗는 대신 삐뚤거리는 곡선미를 가진 경주소나무의 전형이다. 왕릉을 지키는 소나무들이 휘어지고 키 작은 소나무가 아니었다면 천년의 세월을 견

디지 못하고 다 베어져버렸을 것이다.

서기 495년 오릉에 행차한 소지왕(21대)은 곧은 소나무는 없고 굽은 소나무만 가득한 능역을 보고 물었다.

"어찌하여 (박혁거세의)능역에 곧은 소나무는 없고 굽은 소나무만 가득한 것인가?" 그러자 능역을 관리하던 신하는

"황공하오나 곧은 소나무는 궁궐을 짓느라 베었고 굽은 소나무만이 능상을 지키고 있습니다."라고 대답했다고 한다.

소지왕은 "굽은 소나무가 대를 이어 씨를 내리니 굽은 소나무가 나올 수밖에 …"라며 혀를 찼다.

경주의 소나무는 천년세월을 버텨 온 왕릉과 조화를 이루면서 세월의 애환을 애잔하게 담고 있다.

'왕릉뷰'도 경쟁력이다

진시황의 지하세계처럼 대릉원과 노서리 고분사이 땅 밑에 '신라의 지하세계'가 존재하고 있지 않을까 상상해봤다. 천년 제국이 하루아침에 사라지지는 않았을 것이라는 생각이 강했다. 황남대총과 천마총, 금관총, 서봉총 등 '파헤쳐 본' 왕릉보다 여전히 발굴되지 않은 왕릉이 더 많기 때문이기도 했다.

왕릉의 상서롭고 신비한 기운은 '발굴기'를 통해서도 확인할 수 있었다. 우리 고고학계의 손으로 신라 금관을 처음으로 발굴한 '천마총'은 1973년에야 발굴이 이뤄졌다. 7월 26일 고분의 현실문(門)이 개방됐다. 찬란한 금관을 쓴 채 누워있는 왕이 보였고 잠이 든 듯한 모습의 유골은 양호했다. 곁에선 오색찬란한 천마도가 출토됐다.
그러나 문이 열린 그 순간, 갑자기 적란운(積亂雲)이 몰려오면서 천둥번개가 요란하게 쳤고 장대비가 쏟아졌다. 사방에 회오리바람이 거세게 몰아쳤다. 발굴요원들이 혼비백산해서 흩어졌다. 발굴 책임을 맡은 고고학자는"삭신이 오그라드는 기괴한 공포가 엄습했다"고 기록했다.

경주 왕릉여행의 묘미는 왕릉을 즐기는 것이리라.
왕릉을 바라보면서 커피를 마시기도 하고 세상에 둘도 없는 수제맥주를 마시며 역사를 반추하거나 그냥 멍 때리는 건 어떨까? 핫플레이스 '황리단길'도 좋지만 오롯이 방해없이 왕릉뷰를 즐길 수 있는 곳은 길 건너편 노동·노서리 고분주변 카페와 레스토랑 그리고 게스트하우스다.

  고분과 길을 마주한 채 자리한 '청춘호스텔'에 묵으면 아침에 일어나면서 창으로 왕릉뷰를 만끽하면서 쏟아지는 햇살과 더불어 조식을 먹을 수도 있다. 그 옆으로 수제맥주집 'ㅎㅎㅎ'와 카페 '데네브'가 있다. 하루 종일 불국사와 석굴암 혹은 첨성대와 월궁 등지를 돌아다녔다면 저녁에는 오롯이 왕릉뷰를 즐기는 왕릉뷰 여행은 어떨까?

사라진 왕궁

경주의 밤은 불야성이다. 붉은 노을이 사라지고 어둠이 내리면 월정교에 조명이 켜진다. 첨성대는 네온사인처럼 반짝거리고 계림과 월성을 둘러싼 해자(垓字)에 비친 달빛이 경주의 어둠을 밝혀주는 시각이다. 대릉원과 건너편 노서동 고분들을 비추는 가로등은 신라시대로의 시간여행을 이끄는 표지판처럼 작동하기 시작한다. 은은한 빛의 향연은 야연회(夜宴會)의 개막을 알리는 듯 와자지껄

북적거린다. 화려해보이는 경주의 밤은 동궁과 월지에서 절정을 맞는다.

신라의 마지막 경순왕이 고려 태조 왕건을 경주로 초청해서 연회를 베풀면서 신라를 의탁하고자 부탁하던 천년사직의 종결무대가 동궁이었다. 천년왕국의 문을 닫는 애통한 그날도 경주는 불야성을 이뤘다. 황룡사 분황사 홍복사 등 왕사는 밤새법회를 열었고 서라벌은 대낮처럼 불을 밝혔을 것이다. 동궁과 월지에서 흘러나오는 풍악은 경주의 밤을 깨웠다.

"신라는 전성기에 서울이 17만8936호(戶)였고, 1,360방(坊), 55리(里), 35개의 금입택(金入宅)이 있었다. …성 안에 초가집 한 채 없고 집의 처마와 담이 서로 닿아 있었으며, 노랫소리와 피리 부는 소리가 길에 가득하였고 밤낮으로 끊이지 않았다." (삼국유사)

호당 평균 4~5명으로 계산하더라도 (8세기)당시 경주는 상주인

구가 70~90만 명에 이르는 대도시였을 것이다. 지금의 경주인구 24만 명보다 3~4배가 많은 국제도시였다. 당시 당나라의 수도 장안(長安)이나 로마에 뒤지지 않을 정도로 번화하던 동아시아 중심이었다.

고구려와 백제를 무너뜨리고 삼국을 통일한 신라의 수도 서라벌(경주)은 3백여 년간 최고의 전성기를 누렸다. 유럽과 아라비아 등 서역은 물론이고, 멀리 아프리카에서도 무역상들이 몰려왔다. 경주는 신라의 호족들 뿐 아니라 백제와 고구려의 왕족과 호족들까지 경주로 불러들여 살게 했다. 진귀한 문물들로 경주는 호사를 누렸다.

왕궁 월성(月城)

서라벌은 신라의 옛 이름이자 경주 그 자체이기도 했다. 서라벌의 중심은 당연히 궁성인 월성이었다. 월성은 신라 5대 파사이사금 시절 건축해서 6대 지마왕부터 56대 경순왕까지 무려 50대에 이르는 신라왕들이 살았던 왕궁이다. 궁궐의 지형이 초승달처럼 생겨서 월성 혹은 반월성이라고 불리었다.

그러나 월성은 지금 경주에 없다. 월성이 있던 자리에서 발굴 작업이 지루하게 이어지고 있다. 잃어버린 궁성, 잃어버린 역사를 찾아내는 지난한 작업이다. 우리는 신라의 왕궁이 있었는 지 여부조차 몰랐고 그저 불국사와 대릉원과 첨성대를 보고 경주와 신라를 관광했을 뿐이다. 어쩌면 월성에 대한 무지와 무관심이 신라 역사에 대한 오해와 편견의 단초가 됐을 지도 모른다. 경복궁과 베이징의 자금성을 본 적이 있다면 천년제국 신라의 궁궐이 얼마나 대단했을지 짐작이나마 할 수 있을 것이다.

세계문화유산으로 지정된 경주 대릉원지구 계림을 둘러싸고 복원된 해자들이 있다. 그리고 언덕 너머에는 남천이 흐르고 있다. 해자와 남천 사이 언덕이 바로 신라왕궁 '월성'이 있던 자리다. 월성이라는 이름을 차용한 원자력발전소가 자리한 '월성원전'은 경주시 양남면에 있지만 대릉원과 첨성대 그리고 동궁과 월지가 자리한 그곳이 월성이다.

　문화재당국의 발굴작업이 끝나면 월성은 제대로 복원될 수 있을지도 모른다. 남천을 가로질러 월성을 이어주는 '월정교'가 복원됨에 따라 찬란한 신라 문화의 편린들이 우리 앞에 모습을 드러냈다. 물론 궁궐발굴작업이 끝나지 않았고 궁궐은 전혀 그 모습을 드러내지 않았는데 월정교만 복원돼 다소 뜬금없이 느껴지기는 하다. 원효대사가 다리에서 떨어져 옷을 말리려고 궁궐에 머물다가 요석공주와 인연을 맺었다는 삼국유사의 고사 역시 기이하게 받아들여지는 것은 그 때문이다.

　'월성'은 발굴 작업이 이뤄지고 있는 언덕만이 아니었다. 안압지로 불렸던 동궁은 물론이고 국립경주박물관이 있는 자리의 남궁까지 포함한다면 월성은 조선시대 경복궁과 비교하더라도 작은 규모가 아니었다. 천년왕조의 몰락이후 쇠락을 거듭하던 월성은 몽골의 침략으로 대부분의 목조건물이 소실되었다.

'천년' 월성을 복원한다면 우리는 이 궁궐에서 살았던 선덕여왕과 문무왕과 무열왕을 비롯, 우리가 기억하는 사극 속의 왕들은 물론이고 궁내에서 벌어진 이야기들까지 복원할 수 있을 것이다. 1,500년 전 서라벌을 누비고 다녔던 꽃같은 소년화랑들이 남긴 사랑과 청춘의 일기들도 찾아낼 수 있을 것 같다.

신라를 온전하게 기억해내는 법은 타임머신을 타고 그 시대로 돌아가는 것이 아니라 월성과 첨성대 그리고 유적들을 통해 더듬고 추측하는 수밖에 없다. 고분을 발굴하고 땅속을 파헤치고 세월을 견뎌낸 석조물을 통해 알 수 있는 것 이상으로 그 때 경주는 더 많은 것들을 우리에게 선물할 것이다.

월정교는 요즘 경주관광의 새로운 '핫플'로 등장한 지 오래다.

경덕왕 19년(760년) 축조된 월정교는 조선시대에 무너지면서 사라졌다. 2018년 복원돼 '월성'을 기억하고 삼국유사 속 원효대사의 고사를 기억하는 다리로 재탄생했다. 월정교가 기억하는 이야기가 원효대사와 요석공주의 러브스토리 밖에 없을까. 월정교를 둘러싼 고사는 제대로 복원되지 않았다. 우리 역사상 최초의 여왕에 이어 진덕과 진성 등 두 명의 여왕을 더 배출한 신라왕조의 숨겨진 이야기는 월정교와 월성을 통해 그 단초를 드러낼 지도 모른다.

"원효의 속성(俗姓)은 설씨(薛氏)다 …(원효가)하루는 미친 듯

이 거리에서 노래를 부르기를 "누가 자루 없는 도끼를 허락해 줄 것인가. 내가 하늘 고일 기둥을 찍을 터인데"라고 하였다. 사람들이 모두 그 뜻을 알지 못했는데 이때 태종(무열왕)이 이를 듣고 이르기를 "이 스님이 아마도 귀한 부인을 얻어 현명한 아이를 낳겠다고 말하는 것이다. 나라에 큰 인물이 있으면 그 이익이 막대할 것이다"라고 하였다.

이 때 요석궁에 과부가 된 (요석)공주가 있었다. (왕은)궁중의 관리에게 칙명을 내려 원효를 찾아 데리고 들어오라고 하였다. (원효가)곧 남산으로부터 와서 문천교(월정교로부터 하류로 19m 떨어진 곳에 놓인 다리)를 지나던 원효가 일부러 물에 떨어져 옷을 적시니 관리들이 그를 궁으로 데려와 옷을 갈아입히고 말리게 하였다.

공주가 과연 임신하여 설총을 낳았다." (삼국유사)

요석공주는 화랑 김흠운과 결혼했으나 그가 전사하는 바람에 과

부가 되자 친정으로 돌아와 월성 내의 '요석궁'에 머물고 있었다. 삼국유사가 전해주는 대목대목은 원효와 요석공주의 사랑을 그림처럼 생생하게 전해주고 있다. 신라의 10현으로 불린 '설총'이 그 사랑의 결실이었다. 석양으로 물들고 조명으로 빛나는 월정교는 원효대사의 사랑을 기억하는 경주를 찾는 선남선녀들의 사진명소로 재조명되고 있다.

동궁과 월지

동궁은 월성의 확장판이다. 천년왕국의 궁궐로 월성은 비좁았다. 삼국통일 완성 후 경주는 폭발적으로 인구가 늘어났다. 고구려와 백제의 귀족들이 속속 경주로 모여들었고 유민들까지도 왕성으로 이주했다. 이들이 기거할 새로운 궁성이 필요했다. '문무왕'은 서둘러 동궁을 증축하고 바다를 닮은 연못까지 팠다. 동궁은 인접한 황룡사와 맞닿았다.

동궁과 월지가 완공된 후 신라 왕실은 당나라를 비롯한 각국에서 온 사신들을 위한 연회를 베풀었다. 달이 뜨는 밤마다 '월지'에선 달맞이 연회가 열렸을 것이다. 동궁과 월지는 서라벌의 밤을 밝히는 불야성이었다.

동궁과 월지는 예전 경주로 수학여행을 다녀 온 50~60대 이상의 장년들에겐 생소한 지명이다. 월성도 동궁도 7~80년대에는 없었다. 교복을 입고 수학여행을 다녀 온 세대들에게 경주는 왜곡되거나 축소된 경주와 신라의 기억만을 남겼다.

그 시절 동궁과 월지는 '안압지'로 불렸다. '기러기와 오리가 노는 연못'이라는 뜻의 안압지(雁鴨池)로 불리면서 조선시대 이래로 동궁의 기억은 까마득히 잊혀 진 셈이다.

사라진 왕궁과 사라진 역사는 복원되지는 않는다. 천년제국의 영광도 재현할 수 없다. 그러나 우리는 그 폐허위에서 사라지지 않은 역사가 던지는 낮은 목소리를 겸허하게 경청할 수 있다.

여왕의 시대

늦가을까지 유혹하던 핑크뮬리마저 색 바랜 흑백사진처럼 무심해진 첨성대는 겨울풍경 속에선 쓸쓸했다. 천년제국도 한 순간이었다. 꽃과 나비가 사라진 첨성대가 그제서야 온전하게 보였다. 초여름이면 다시 첨성대는 장미와 모란 등 꽃 들에 둘러싸여 우아한 곡선미를 다시 뽐내게 될 터다. 어스름이 가시기 시작한 이른 새벽, 첨성대 위로 떠오르는 태양이 천년제국의 '영화'(榮華)를 떠올리게 했다.

여왕의 시대 도래

지금까지와는 다른 초월적인 권위를 과시할 무엇인가가 필요한 시대다. 하늘을 다스리는 능력을 보여야 했다. 왕사 '황룡사'에 하늘을 찌를 듯한 9층 목탑을 세우고 별을 관측하는 천문대, '첨성대'(瞻星臺)를 축조한 것은 '여왕의 시대'를 만방에 과시하려는 대역사(大役事)의 일환이었다. 여왕 등장 이전에 천문을 관장하고 우주를 다스린 왕은 없었다.

우리 역사상 최초의 여왕, 선덕왕이 즉위하자 신라왕실과 귀족사회는 물론, 늘 으르

령대면서 다투던 고구려와 백제도 충격을 받았다. 고구려는 영류왕(營留王) 말년, 연개소문의 시대였고 백제는 무왕(武王)이 즉위한 지 32년 째 되는 최전성기였다.

여왕의 시대는 '선덕'(632~647) 15년으로 끝나지 않았다. 곧바로 '진덕여왕'(647~654)으로 왕위가 계승되면서 22년간 지속됐다. 통일신라 말기인 887년 '진성여왕'이 즉위함으로써 신라는 여왕의 시대를 세 번 기록했다. 21세기에도 '여왕'은 대영제국의 흔적으로 남아 있을 뿐 자유민주주의 종주국 미국조차 만들어내지 못하고 있다.

백제 무왕은 여왕을 능멸하려는 의도에서 신라변경을 제집 드나들 듯이 침범하면서 희롱했다. 이미 미륵사 창건을 통해 '미륵세상'을 구현하려던 무왕이었다. 백제로서는 최전성기라고 할 수도 있는 시대였다. 여왕으로서는 자존심을 넘어선 생존의 기로에 섰다. 여왕의 권위를 떨칠 특별한 무엇인가가 필요했을 것이다.

당 태종의 책봉도 지체됐다. 당나라로서도 이웃 신라의 여왕 등극을 당혹스러웠지만 즉위 4년차에 당 태종은 여왕의 책봉을 승인하는 관작을 보냈고 모란꽃 그림을 선물로 보내 축하했다. 여왕의 즉위는 당 태종의 후궁으로 입궁한 '측천무후'에게 자신도 황제가 될 수 있다는 희망을 품게 했다. 측천무후는 당 태종의 후궁 신분이었다가 당 고종의 황후가 되었고 690년 황제가 된 아들을 폐위시키고, 스스로 황제의 자리에 올라 중국 역사상 최초이자 마지막 여왕이 됐다.

진덕여왕릉 겨울풍경

선덕여왕의 첨성대

여왕은 별과 혜성 등 천체의 운행을 살펴 국가의 길흉을 점쳤다. 그녀는 하늘을 다스릴 수 있는 출중한 능력을 가졌다. 지금껏 어떤 왕도 갖지 못한 하늘의 운행을 예측한 전지전능한 왕이었다. 하늘을 찌를 듯한 황룡사 9층 목탑과 첨성대를 즉위하자마자 백제의 아비지를 불러 축조한 것은 여왕의 권위를 대내외에 과시할 수 있는 상징물이 필요했기 때문이었다.

풍만한 여인을 떠올리게 하는 첨성대의 곡선미는 선덕여왕의 자태를 본뜬 것이다. "어려서부터 성품이 어질고 너그러우며 사리에 밝고 명민하다"는 평판을 얻은 여왕이었다.

〈삼국유사〉는 '선덕왕이 미리 안 세 가지 일'이라며 여왕을 높이 평가했지만 〈삼국사기〉의 평가는 달랐다. 김부식은 "남자는 높고 여자는 낮거늘 어찌 노구(할멈)로 규방에서 나와 국가의 정사를 재단케 하리요. 신라는 여자를 추대하여 왕위를 잇게 하였으니 진실로 난세의 일이며 이러고서 나라가 망하지 아니한 것은 다행이다 할 것이다." 라고 비아냥대기까지 했다.

여왕이라는 이유로 늘 왕권은 도전받았지만 40대 중반에 즉위한 선덕여왕의 치세는 15년간 지속되었다. 고구려에서는 대막리지 '연개소문'이 영류왕을 살해하고 정권을 장악하는 정변을 일으켰고 백제는 무왕의 대를 이어 의자왕이 즉위해서 신라를 압박하는 등

여왕을 위협했다.

첨성대는 여왕의 권위에 날개를 달았다. 높이 9.17m의 나지막한 첨성대지만 여왕의 특별한 권위를 확립하는 데 손색이 없었다. 요즘처럼 도심 불빛을 피해 산 정상에 '천문대'를 세운 것이 아니라 왕궁 월성 바로 곁에 첨성대를 축조한 것은 첨성대가 하늘과 소통하는 여왕의 능력을 드러내주는 상징이었기 때문이다. 30cm 높이의 돌 362개로 27단을 쌓아 만든 첨성대는 혼천의 같은 관측기구를 정상에 설치해서 춘하추분과 동지 등의 24절기를 관측했다.

선덕은 제왕의 자질을 모두 갖췄다. 즉위 직후인 634년 황룡사 옆에 분황사(芬皇寺)를 지었다. 이름 그대로 '향기로운 여왕의 절'이었다. 국가위기가 닥칠 때마다 황룡사와 분황사에서 수시로 '백고좌회'(百高坐會)를 열어 부처의 힘에 기댔다. 황룡사 9층 목탑은 층마다 물리쳐야 할 외적을 상징했다. '1층은 일본, 2층은 중화, 3층은 오월, 4층은 탐라, 5층은 응유, 6층은 말갈, 7층은 거란, 8층은 여적, 9층은 예맥을 새겨 넣었는데, 한마디로 이들을 언젠간 신라 밑에 모두 무릎 꿇리겠단 의지였다..'(삼국유사)

선덕여왕의 시대는 임기 말 내부의 반란과 함께 막을 내렸다. 여왕이 상대등에 임명해 국사를 맡긴 비담이 염종과 더불어 "여자가 왕이 되어 선정을 베풀지 못하고 무능하다"며 적국이 무시하는 여왕을 폐위하자는 명분으로 명활성에 진을 치고 반란을 일으켰다. 초반에는 반란군이 전세를 장악했지만 김춘추와 김유신이 반란을 제압했다. 귀족들의 반란은 향후 왕권에 도전해 온 서라벌 귀족의 몰락과 김춘추·김유신의 실권 장악 계기로 작용했다.

여왕의 시대는 계속된다.

선덕여왕 역시 부친 진평왕처럼 후사가 없었다. '비담의 난' 와중에 여왕이 승하하자 화백회의는 여왕의 사촌동생 승만을 두 번째 여왕으로 추대했다. 여왕을 폐위시키자며 반란을 일으켰는데 오히려 여왕의 시대가 이어진 것은 아이러니다. 진덕의 시대는 신라가 본격적으로 삼국통일에 돌입한 시기다.

그런 점에서 진덕여왕의 시대를 재평가해야 하지 않을까 싶다. 진덕여왕은 반란이 진압되자마자 즉위식을 거행했고 곧바로 비담과 염종은 물론 그들의 9족을 참수하는 것으로 왕권강화조치를 시행했다. 상대등에는 알천, 외교는 김춘추, 군사는 김유신에게 맡겼다. 김춘추를 즉시 당나라에 보내 '나·당연합'을 맺었다. 선덕이 첨성대와 황룡사9층 목탑을 축조하면서 대내외에 왕권강화를 과시했다면, 삼국통일을 향한 신라의 독자 행보가 본격화된 것은 진덕여왕의 시대였다. 국가생존을 건 건곤일척의 백제와의 전쟁이 시작되었고 고구려와의 전쟁에도 돌입하게 된 것이다.

〈삼국사기〉에 "자태가 풍만하고 아름다웠고 키가 7척에 이르렀다. 또한 늘어뜨리면 팔이 무릎 아래에 닿을 정도로 길었다."는 표현으로 진덕여왕의 외모를 칭송한 대목이 이채롭다. 최초의 여왕 선덕에 대해서는 나라가 망하지 않은 것이 다행이라며 조롱하던 김부식이었다. 두 여왕의 시대는 신라의 국운이 급상승하는 계기를 마련했다는 평가를 받아 마땅하다.

역시 후사가 없는 진덕여왕에 이어 왕권을 장악한 '태종무열왕' 김춘추는 절묘한 전략을 짰다. 마치 진평왕이 후계구도를 짜면서 진지왕의 아들들인 용수와 용춘을 각각 천명과 덕만 두 공주의 배필로 혼인시키면서 왕실내의 혼선을 사전 교통정리한 것처럼 말이다.

신라가 삼국통일의 주역이 되는 모든 과정이 두 여왕의 시대에 계획되고 시작되었다는 사실은 재조명되어야 할 것 같다. 그 계획이 성공하기까지는 불과 40년밖에 걸리지 않았다. 백제는 660년, 고구려는 668년 역사의 무대에서 사라졌다.

진덕여왕 사후 230여년이 지난 통일신라 말기 51대 진성여왕(887~897)이 세 번째 여왕으로 등극했다. 이미 신라의 기운은 쇠했다. 진성여왕 역시 선덕과 진덕여왕처럼 사서(史書)에는 '하늘이 내린 여왕으로서 장대한 풍모를 갖췄고 총명했다.'고 기록돼있다. 게다가 두 여왕과 달리 20대의 나이에 즉위했다. 그래서였을까? 〈삼국사기〉는 '음란'이라는 꼬리표를 붙였다.

그러나 그녀가 정(情)을 통한 것은 숙부 위홍이 아니라 남편 위홍이었고 '미장부'(美丈夫)를 두고 가까이 한 것은 역대 왕들의 관행이었다. 진성여왕은 위홍으로 하여금 향가를 수집하여 〈삼대목〉을 편찬하게 했고 최치원을 기용하는가 하면 대사면을 단행하는 등 국정쇄신에 나섰다. 그러나 양길과 궁예, 견훤이 세력을 넓히면서 후삼국의 '군웅할거'가 시작된 시대였다. 3명의 여왕을 보유한 신라역사가 다채롭게 다가온다.

신라인 처용

@김태형

왕이 시해(弑害)됐다. 반인반신(半人半神)의 존재로 살아있는 부처로까지 추앙받고 있던 왕이 전쟁이나 적에 의한 것이 아니라 신하에 의해 살해된 것이다. 왕권을 둘러싼 갈등이 마침내 왕을 죽이고 왕권을 빼앗는 사태로까지 번졌다. 개국 이래 800여 년 동안 단 한 차례도 벌어지지 않았던 국왕시해는 충격적인 사건이었다.

어린 나이에 왕이 되었다가 섭정을 끝내고 친정(親政)에 나선 혜공왕이 실세호족들과 갈등을 빚은 끝에 상대등 김양상에 의해 피살되면서 폐위된 것이다. 그리고 '진골'인 김양상은 스스로 왕위에 올랐다. 그가 제37대 선덕왕이다. 730년 4월이다.

봉건군주인 왕이 살해되자 왕의 위상은 백척간두에 서 있듯이 끊임없이 위협받는 존재로 전락했다. 숙부가 조카를 죽이고 동생이 형을 살해하고 아들이 아버지를 폐위시키는 골육상쟁의 왕권다툼은 '골품제'를 지켜 온 신라 왕실이 맞게 된 숙명이자 비극이었다. 그로부터 신라가 멸망한 935년까지 200여 년 동안 20명의 왕이 탄생할 정도로 왕의 존재는 파리 목숨과 다를 바 없는 초라한 신세로 전락했다.

시해당하거나 1년을 채우지도 못한 채 시름시름 앓다가 죽는 등 물러난 왕들이 부지기수였다. 원성왕의 뒤를 이은 소성왕은 1년 5개월 만에 왕권을 넘겼고 13살에 왕위에 오른 애장왕은 결국 성년이 되면서 친정(親政)에 나선 후 곧바로 섭정 숙부에 의해 시해된다. 2번째로 시해된 신라왕이다. 희강왕, 민애왕도 1년여 만에 죽

임을 당하는 등 신라의 왕권다툼은 절정에 달한다.

서역인 호위무사 처용

왕들은 이중삼중의 호위무사를 세워 경호에 몰입하는 등 노심초사했다. 선왕을 죽이고 왕이 된 선덕왕의 치세는 겨우 5년이었고 그나마 말년에는 병석에서 지내다시피 했다. 선덕왕이후 왕에 오른 '원성왕'은 화백회의가 추대한 김주원을 제치고 왕권을 쟁취했다, 혜공왕을 죽이고 선덕왕시대를 여는 데 공(功)을 세운 덕에 왕권에 접근할 수 있었던, 원성왕은 누구보다 경호에 신경을 쓰는 등 만전을 기했을 것이다.

가까운 친인척에 의해 왕이 살해될 수 있다는 것을 겪은 그는 신하들을 신뢰하는 대신 무예가 뛰어난 서역인을 근접 호위무사로

파격 발탁하지 않았을까 싶다. 경덕왕대부터 시작된 왕권다툼에 직·간접적으로 얽혀있는 '진골'신하들보다 이해관계가 없는 서역인 '처용'이 오히려 더 충성심을 발휘할 수 있었을 것이다.

경주시내에서 불국사로 가는 길에 만나는 원성왕릉(괘릉)은 경주고분들 중에서 눈에 띌 정도로 제대로 조성된 왕릉이다. 삐뚤빼뚤한 경주소나무들이 능역을 에워싸고 있는데다 판석과 탱주가 고분을 둘러싸고 있다. 눈에 띄는 것은 호위무사처럼 능역을 지키는

각각 한 쌍의 무인(武人)석과 문인(文人)석이다.

 부리부리한 눈매와 큼지막한 매부리코를 가진 무인석은 영락없는 '서역인'이다. 누구나 쉽게 접근할 수 없는 성역이나 다름없는 왕릉을 지키는 호위무사로 신라인이 아닌 서역인을 세워둔 것은 원성왕을 지키던 실제 호위무사가 서역출신의 용병이었다는 것을 시사하는 표식이다.

처용가

 처용의 존재가 우리 역사에서 처음으로 기록으로 확인된 것은 삼국유사 '처용랑과 망해사'편이었다. 헌강왕(제49대)대의 신라는 모처럼 만에 맞이한 태평성대로 기록되고 있다. '서울(서라벌)로부터 동해 어귀에 이르기까지 집들이 즐비하게 늘어서있고 담장이

서로 맞닿았는데, 초가집은 한 채도 없었다. 길에는 음악과 노랫소리가 끊이질 않았으며 바람과 비는 사철 순조로웠다.' 신라의 왕경 경주는 당시 무려 17만호가 몰려 사는 번창하는 국제도시로 이름이 났다.

〈삼국유사〉는 처용에 대해 자세하게 묘사하고 있다.

"헌강왕이 개운포(울산 신항 주변)로 놀러갔다가 갑자기 구름과 안개가 몰려와서 길을 잃게 되자 왕이 괴이하게 여겨 주위사람들에게 물으니 '이는 동해 용왕의 변괴이니 마땅히 좋은 일을 하여 풀어야 한다'고 아뢰었다. 그래서 용을 위해 절을 짓도록 지시했고 그러자 동해 용왕이 일곱 아들을 거느리고 왕 앞에 나타났다. 그 중 한 아들이 왕을 따라 서울로 들어와 왕을 보필했는데 그가 '처용'(處容)이었다.

왕은 미녀를 주어 아내로 삼게 하고 그의 마음을 잡았고 급간이라는 벼슬을 주어 일을 하도록 했다. 그런데 그의 아내가 매우 아름

다워서 역신이 흠모하여 사람으로 변해 밤이 되면 그 집에 와 몰래 자곤 했다." 우리가 잘 아는 '서울 밝은 달에 밤새도록 노닐다가…' 운운의 '처용가'가 나오는 대목이다.

　헌강왕 치세기인 9세기 말 처음으로 존재를 드러낸 '처용'이지만 신라와 페르시아간 교류는 물론 신라 땅에 이주한 신라인 처용은 통일신라이전부터 기하급수적으로 늘어났다. 신라는 외국인에 대한 차별이 없었다. 신라를 개국한 박혁거세와 석탈해와 김알지 등도 외부에서 유입된 '도래인'이었다. 신라의 개방성과 국제성은 페르시아 상인들조차 쉽게 신라인으로 동화될 수 있도록 했다. 그것이 천년신라가 가진 다양성의 힘이었다.

　원성왕릉을 지키는 서역무사상과 더불어 안강에 있는 흥덕왕릉에서 만날 수 있는 무인석은 부시 전 미국대통령을 빼닮은 모습이 이채롭다. 두 곳의 왕릉에서 서역무사를 만나게 됨에 따라 당시 서역인들이 왕의 호위무사로 대를 이어 역할을 한 것이 아니냐는 추측도 할 수 있을 것 같다. 신라인보다 체격이 훨씬 더 건장하고 무

예까지 갖추고 있다면 그보다 더 나은 호위무사의 자격은 없지 않을까?

흥덕왕 때는 '청해진'이 설치되고 해상왕 장보고가 해상권을 장악하고 무역을 활발히 하던 시기와도 맞아 떨어진다. 서역과의 교류와 무역도 절정에 달했을 때였다.

페르시아 서사시 〈쿠쉬나메〉

중국 당나라 말기에 일어난 '황소(黃巢)의 난'(875)은 헌강왕대 개운포에 나타난 처용과 묘하게 일치한다. 소금장수 황소가 일으킨 반란은 무슬림들이 중국 광저우 일대에 대거 정착해 살고 있던 무슬림에 대한 무차별 살육과 약탈로 번졌다. 페르시아 상인들은 살길을 찾아 당나라를 떠났고 그 중 일부가 배로 개운포로 들어왔을 것이다. 향료와 유리그릇 등을 가득 싣고 들어온 처용의 무리들에게 신라는 새로운 안식처가 됐을 것이다.

이들보다 먼저 신라 땅에 도래해 정착해 살고 있는 '경호처장급' 호위무사 등의 '서역인'을 통해 전해진 신라에 대한 정보는 그들에게 신라를 새로운 이상향으로 기억하게 했을 것이다.

아랍문명에 정통한 이희수 교수가 소개한 페르시아의 구전 서사시 〈쿠쉬나메〉는 7세기 중엽 신라와 페르시아간 교류사를 입증하는 귀중한 자료다. '쿠쉬의 책'이라는 제목의 서사시 〈쿠쉬나메〉는 '바실라'(Basilla)로 표기된 신라이야기가 후반부의 주내용이다.

〈쿠쉬나메〉에서 신라는 천국같이 살기 좋은 곳이며 아직 남의 침략을 받지 않은 나라로 묘사돼 있다. 아비틴이 이끄는 이란인(페르시아인)들은 중국을 떠나 신라에 도착했고 신라왕 태후르는 이들을 극진히 환영해준다. 쿠쉬나메는 신라의 아름다운 풍경과 신라왕궁의 모습 등에 대한 세세하게 묘사하고 있다. 지도자 아비틴은 마침내 신라공주 '프라랑'과 결혼을 하고 임신한 아내를 데리고 고국으로 돌아갔다.

원성왕릉과 흥덕왕릉의 무인상 그리고 경주 도처에서 발견되는 서역의 흔적과 쿠쉬나메는 '처용'이 신화의 소재가 아니라 실재했던 신라인이었다는 확신을 준다.
지금도 발굴 작업이 계속되고 있는 왕궁 '월성' 해자에서 출토된 '터번'을 쓴 토우와 용강동 돌방무덤에서 출토된 서역인 모습의 토용은 서역인이 신라시대에는 낯선 이방인이 아니라 신라인의 일원이었다는 사실을 재확인해준다. 월성 1호 해자에서 나온 토우는 팔뚝까지 내려오는 터번을 머리에 두르고 있어 영락없는 서역인의 형상이었다.

처용의 형상을 한 신라인은 이방인이 아닌 혁거세와 탈해와 같은 도래인이었다.

경주 여행 Tip 1
실크로드 음식점

경주에선 무엇을 먹을까? 고민할 필요는 없다. '금강산도 식후경'이라고 입이 즐거워야 경주여행도 더 맛깔나게 될 터다.

우리나라의 대표적인 관광도시답게 경주에는 맛있는 음식점이 도처에 포진하고 있다.

경주는 동해바다까지 끼고 있어 음식 메뉴 선택의 폭이 넓을 것 같지만 그렇진 않다. 오히려 '아무거나'가 아닌 '맛있는' 한 끼를 고르기란 쉽지가 않다.

핫플레이스 '황리단길'에 가면 도처에 널려있는 어느 식당을 가더라도 낭패를 겪는 일은 피할 수 있다. 경주의 오래된 대표음식 '쌈밥'과 갈비찜은 물론 동·서양을 넘나드는 '퓨전식당'들이 각광을 받고 있는 곳이 황리단길이다.

2년마다 개최되는 '경주엑스포'는 실크로드의 종착지이자 시발지인 경주의 문화교류를 널리 알리는 대표적인 국제행사다. 신라 전성기에 경주는 페르시아와 아프리카 상인들까지 몰려든 동서교역의 중심지였다.

그런 만큼 최근 경주에 '터키(튀르키예)' 식당이 들어선 것은 반갑다. 시내에서 조금 떨어진 현곡면의 한적한 시골마을 농가주택이 어느 날 터키식당으로 변신했다. 파주에서 성업중인 〈앤조이 터키〉가 2호점을 이곳에 오픈한 것이다. '앗 여기에 이런 식당이 있다니!' 하는 감탄이 절로 나온다.

'카이막'과 '메네멘' '케밥' '큐네페' 등 우리에게는 생소한 터키음식메뉴들이 터키 현지식 느낌 그대로 나온다. 터키음식은 터키 홍차와 찰떡궁합이라며 터키에서 직접 수입한 터키홍차까지 세트로 제공된다. 1호점 사장이 오랜 터키생활을 통해 터득한 터키요리의 비결을 전수받아 개업한 경주점이다. 홍차 뿐 아니라 터키요리의 핵심 병기인 터키 향신료 역시 이스탄불에서 직접 수입해서 사용한다.

'콘스탄티노플'(현재의 이스탄불)은 세계제국 로마(동로마제국)의 수도로서 세계 최고의 번성을 누렸다. 로마가 오스만제국에 점령된 후 오늘 날의 '이스탄불'이 됐다. 물론 경주가 '동방의 황금도시'로서의 명성을 잃은 지 훨씬 지나서였지만 말이다.

실크로드의 종착지 '터키'를 가본 사람은 여행의 추억을 되새길 수 있어서 좋겠다. 아직 터키를 가보지 않았다면, 실크로도의 종착지 경주에서 실크로드를 타고 온 터키의 향기를 느낄 수 있어 더 좋겠다. 애피타이저 '카르막'에서부터 후식인 '큐네페'에 이르기까지 온통 터키 풍미로 가득 찬 식당이다.

비담의 난 김유신의 희생

서기 647년 정월 초 상대등 '비담'은 화백회의를 소집해서 여왕의 폐위를 결정했다. 비담은 신속하게 움직였다. '명활성'에 미리 대기시켜 둔 군사를 곧바로 궁성 '월성'(月城)으로 진격하도록 명령했다. 그러나 시각이 늦어 여왕의 거소인 월성으로 향하는 성문이 열리지 않았다. 비담과 화백회의에 참석한 귀족들은 초조하게 날이 새기만을 기다렸다.

"자객은 실패한 모양입니다. 소식이 없습니다." 화백회의 개최 전에 미리 김유신과 김춘추에게 보낸 자객들의 암살시도가 실패했다.

진덕여왕이 즉위한 후 상대등에 기용된 이찬 '알천'의 공이 컸다. 선덕여왕과 김유신·김춘추 등 친위세력은 일찌감치 비담이 주도해 온 귀족들의 움직임을 예의주시하면서 왕성을 수비하던 수비대를 강화하는 등 비담의 쿠데타에 대비해왔다. 압량주(경산)에 주둔하고 있던 김유신은 비담의 움직임을 미리 간파, 하루 전 월성에 들어가서 단단하게 대비를 했다.

비담의 난, 역사의 분기점

삼국사기 등의 역사서에 기록된 '비담의 난'은 신라 중기로 넘어가는 시기에서 신라의 운명을 가르는 결정적인 사건이었다. 비담의 난이 발발되자 선덕여왕은 갑자기 승하(昇遐)했고 진덕여왕으로 왕권이 계승되면서 '여왕의 시대'는 7년여 더 이어졌다. 고구려 와 백제 및 당(唐)과 왜(倭) 등의 각축 등 숨막히는 국제질서 속에 서 국가존립을 위한 전략의 일환으로 '삼국통일'의 기반을 다지는 계기로 작용했다.

또한 그 때까지 수면아래에 감춰져 왔던 '김춘추-김유신 동맹'의 권력 장악 전략이 수면 위로 드러나기도 했다. 아들 없는 진평왕의 유언대로 화백회의가 추대해 여왕에 즉위한 선덕여왕이 화백회의 에 의해 강제 폐위될 위기에 처한 것이다. 비담측의 섣부른 공세는 오히려 김춘추·김유신의 반격으로 왕권을 강화하는 동시에 화백 회의를 무력화시키는 동력이 됐다.

비담의 난을 진압하고 여왕의 시대를 연장하고 이어 김춘추를 태종무열왕으로 등극시키는 과정에서 김유신의 역할은 절대적이 었다고 할 수 있다.

김춘추를 내세운 신라의 대당외교를 통한 나당연합 성사와 백제 와 고구려를 차례를 멸망시킨 후, 한반도 전체를 집어삼키겠다는 당나라의 책략까지 물리치는 과정에서 김유신이라는 걸출한 영웅 이 없었다면 신라가 역사서에 존재하지 않게 됐을 지도 모른다.

우리는 임진왜란과 정유재란 등 왜(倭)의 한반도 침략을 막아낸 이순신 장군을 영웅으로 대접하면서도 삼국통일의 초석을 깔아놓 으면서 통일전쟁을 성공적으로 치러낸 김유신은 잊어버린 것 같다. 김유신을 그저 신라의 한 장군으로만 기억해서는 안 되는 이유는 무수히 많다.

 신라는 지독한 계급사회였다. 골품제를 지키고자 성골과 진골 등 왕족끼리도 후대에 이르면서 죽고 죽이는 골육상쟁의 왕권다툼을 벌이게 되고 혈통을 보전하고자 '근친혼'이 일상인 사회였다. 금관가야의 마지막 왕인 '구해왕'의 증손자로. 금관가야 왕족의 직계인 '진골'이었지만 김유신은 신라의 진골과도 신분차이가 있었다. 뛰어난 무공을 바탕으로 고구려·백제와의 전쟁에서 혁혁한 무공을 세웠지만 골품제의 벽은 넘을 수 없을 정도로 높았다.

 그는 4년 만에 폐위된 진지왕의 손자인 김춘추와의 인연을 적극 활용하기로 한 것 같다. 김춘추 역시 왕권과 멀어지면서 몰락한 '진골'가문의 분루(憤淚)를 감추면서 절치부심의 시간을 보내고 있었다.

사후에 흥무대왕으로 추존된 김유신

김유신은 살아서는 왕으로 추대되지 않았지만 경주에 있는 그의 묘는 왕릉에 준하는 양식으로 웅장하게 조성돼 있다.

진평왕의 시대에 태어나 선덕여왕·진덕여왕·태종무열왕대에는 무공을 바탕으로 '상장군'으로서 신라군을 총지휘하면서 삼국통일을 이끈 주역중의 주역으로 활약했지만 왕으로 추존된 것은 사후 100여년이 지나서였다.

'만일' 그 시대에 김유신이 없었더라면 신라의 삼국통일 꿈은 허망하게 끝나버렸을 지도 모를 일이다. 그리고 당나라와 군사적으로 연대해서 백제와 고구려를 격파하고 삼국을 통일했다고 하더라도 즉시 당나라의 속국으로 전락했을 가능성이 높다. 그랬다면 한반도의 모습도 오늘날과는 전혀 다른 역사를 기록하고있을 지도 모르는 일이다.

삼국사기는 여러 권에 걸쳐 김유신에 대해 기록했다. 총 50권의 열전 중 10권이 인물열전인데 그 중 3권을 따로 떼어 김유신에 대해 기술하고 있다. 그것은 김부식이 보기에도 김유신장군이 당대 역사의 귀감이 되는 영웅으로 간주되었기 때문이리라.

"신라에서 유신을 대하는 것을 보면 친근하게 하여 틈이 없도록 하였고 일을 맡겨서는 의심하지 않았으며, 계책을 내면 행하고 말하면 들어주어 하여금 쓰이지 않는다고 원망을 품지 않게 하였으니 '육오동몽(六五童蒙)의 길함'을 얻었다고 할 만하다.

그러므로 유신으로 그 뜻한 것을 행할 수 있게 되어 중국과 함께 협력하고 모의하여 세 나라의 영토를 합쳐 한 집안을 이루고 능히 공을 세워 이름을 떨치고 일생을 마칠 수 있었다. 유신은 나라 사람들이 그를 칭송하는 것이 지금까지 이어지며 사대부들이 아는 것은 물론이고 꼴 베고 소치는 아이까지도 그를 알고 있으니, 그의 사람됨에 반드시 남다른 데가 있었던 것이다" 이처럼 삼국사기에서의 유신에 대한 역가적 평가는 넉넉했다.

당과 동맹을 맺어 백제에 이어 고구려 공략에 나선 후 당군이 엄동설한에 신라에 군량보급을 요청하자 노구의 김유신은 직접 군량를 어깨에 매고 앞장서는 솔선수범을 보이기도 했다. 또한 고구려에 사신으로 간 김춘추가 인질로 잡혀 돌아오지 않자 '결사대'를 조직하여 고구려를 공격하고자 했고 그때서야 고구려가 김춘추를 풀

어주기도 했다.

김유신이 사후 162년이 지난 뒤 '흥무대왕'으로 추존된 것은 신라 말기 상황과 오버랩된다. 천년제국의 국운이 쇠해지자 삼국통일을 이끈 김유신의 기상을 이어받겠다는 흥덕왕(42대)의 정치적 포석이었다. 신라를 포함한 우리나라 전체 역사에서 사후에 왕으로 추존된 인물은 김유신이 유일하다.

선덕여왕의 시대 '향기로운 여왕의 절' 분황사(芬皇寺)를 세우고 황룡사에 거대한 9층 목탑을 건축한 데 이어 첨성대를 축조해서 여왕의 권위를 높인 것 역시 선덕여왕 치세에 대한 김유신의 세심한 전략이 있었기 때문이었다.

선덕여왕은 그러나 비담이 귀족들을 부추겨서 쿠데타를 일으키자 충격을 받아 세상을 떴다. 그러자 김춘추-김유신은 비담이 거사의 명분으로 내세운 '여왕은 정치를 잘하지 못한다.'는 기치에 정면으로 대응하는 수를 내놓았다.

선덕여왕의 사촌동생 승만(勝曼)을 후계자로 내세워 여왕의 장례도 치르지 않은 상태에서 진덕여왕을 즉위시켰다. 전투가 이어지는 상황에서 선덕이 죽고 진덕이 즉위하면서 여왕의 시대가 이어진 것은 쿠데타의 명분을 약화시키면서 반란세력들의 사기를 떨어뜨리는 충격요법이었다. 결국 '비담의 난'은 김유신과 김춘추의 동맹을 굳건히 하면서 신라의 미래를 활짝 열어주는 계기로 작용했다.

진덕여왕이 죽자 화백회의는 상대등 알천을 왕으로 추대했다. 그런데 알천은 김유신과 상의한 끝에 김춘추에게 왕위를 양보했다. 역사는 왕권을 양보했다고 기록하고 있지만 진덕여왕의 시대가 사실상 김춘추-김유신의 섭정시대였다는 사실을 말해준다. 후계자를 결정하는 화백회의의 결정마저도 뒤집을 정도로 김유신이 막강한 영향력을 행사했다는 것을 의미한다.

김춘추는 김유신을 위해 대각간보다 높은 '태대각간'이라는 최고 위직을 만들어 김유신의 공로에 보답했다. '화랑'으로 의기투합해서 처남매부사이에 이어 장인사위지간으로 겹겹이 맺어진 유신과 춘추 두 청춘이 만들어낸 역사가 삼국통일이자 통일신라였다.

오릉의 오른쪽 건너편 논 한가운데에 석재와 기와조각들이 나뒹구는 빈터가 있다. 천관사(天官寺)가 있던 곳이다. 김유신은 젊은 시절 '천관녀'라는 여인과 사랑에 빠졌으나 모친의 꾸중으로 만나지 않겠다는 맹세를 했다. 그러나 술에 취한 그를 태운 말(馬)이 그녀의 집으로 데려가자 말의 목을 쳤다는 전설이 서려있는 곳이다.

장군과 천관녀 사이에 이루어지지 못한 사랑이 삼층석탑과 잡초가 무성한 절터로 남아 1500여년이 지난 지금도 그대로 전해지는 듯해서 안타까웠다.

아비지의 꿈, 9층 목탑의 전설

'아비지'(阿非知)는 알고 있었을 것이다. 아무리 높은 탑을 쌓더라도, 아무리 웅장한 건물을 짓더라도 인간의 욕망은 하룻밤에 사라질 허망한 꿈에 지나지 않다는 것을. 신라의 대가람 황룡사에 세운 선덕여왕의 9층 목탑도, 백제 무왕의 꿈이 담긴 미륵사 9층 석탑도 그저 한 순간의 욕망이었다는 것을. 탑이 부처일리가 없고 탑을 만든다고 부처의 욕망을 대신할 수 없다는 것을 말이다.

'일연'(一然) 스님은 한 순간에 불에 타 잿더미가 된 황룡사터 9층 목탑이 있던 자리에 섰다. 1238년 가을이었다. 그는 한 방울의 눈물도 흘리지 않았다. 그는 눈을 감은 채 '나무아미타불 나무아미타불..' 목탁만 두드려댔다. 황룡사와 9층 목탑은 몽골군의 방화로 일주일 내내 불에 탔고 시가지는 잿더미를 뒤집어썼다.

몽골군 침략으로 황룡사 목탑 소실

온 나라가 몽골군의 기병에 유린당했지만 고려조정은 '팔만대장경'을 완성하면 불법으로 몽골군을 물리칠 수 있을 것으로 여기면서 기도하는 것 외에는 할 일이 없을 정도로 무기력했다.

잿더미 앞에 선 일연은 화염에 휩싸인 황룡사 9층 목탑이 눈에 선했을 것이다. 3차 고려정벌에 나선 몽골군은 죽주성에서 고려군의 기습으로 패배하는 등 자존심에 상처를 입자 곧바로 남하, 대대적인 약탈과 유린에 나섰다. 강화도에 들어가 항전하고 있던 고려왕의 항복을 압박하기 위해서였다. 우뚝 솟은 황룡사 9층 목탑은 몽골군의 표적이었다. '바벨탑'처럼 하늘을 향해 솟아있던 거대한 9층 목탑은 몽골군의 비위를 거슬렀다.

'탑은 허공이니라. 모든 건 찰나에 지나지 않는다.' 아버지의 예견은 단 한 치도 빗나가지 않았다. 통일신라 때 두 차례, 고려왕조에서 세 차례 벼락을 맞았다. 그 때마다 보수와 중수를 거듭하면서 장대한 위용을 자랑하던 9층 목탑은 몽골군의 방화로 순식간에 잿더미로 변했다. 벼락에 맞았을 때는 보수할 수 있었지만 뼈대조차 남지 않고 잿더미가 된 목탑은 더 이상 재건되지 못했다.

643년 백제 장인(匠人) 아버지를 초빙, 3년여 만에 완공된 9층 목탑은 600여년 만에 완전히 사라졌다. '몽골군이 지나간 마을은 모두 잿더미가 되었다. 몽골의 병난이 있는 이래 금년처럼 심한 적은

없었다.'〈고려사 권 24〉

아비지는 백제의 멸망을 예견하듯이 목탑도 그런 운명에 처하게 될 것을 알고 있었다. 언젠가 벼락을 맞아 사라질 수도 있다는 것을 말이다. 아니면 신라가 멸망하듯이 목탑의 운명도 그리 될 것이라는 것을. 백제 무왕의 꿈이 익산 미륵사에서 사라졌듯이, 신라의 꿈도 인간의 욕망과 마찬가지라는 것을. 그러기에 그는 9층 목탑을 지어놓고 성대한 준공식을 치르기도 전에 바람처럼 사라진 것이리라.

백제인 아비지, 황룡사 목탑 건립

폐허와도 같은 빈 땅이다. 군데군데 주춧돌과 유적 발굴 표지판이 듬성듬성 눈앞에 보였다. 분황사 앞 빈터에는 청보리가 듬성듬성 올라와 있다. 아마도 군위 인각사에 머물던 일연 스님이 폐허가

된 황룡사에 오지 않았더라면 삼국유사는 전혀 다른 방향으로 쓰여졌을 지도 모른다. 삼국유사는 황룡사와 9층 목탑이 소실되었다는 사실을 적시하지 않았다. 몽골군의 고려정벌이 9차례 이어지면서 그때까지 남아있던 웬만한 목조 건축물들은 불에 탔다.

누각형식의 9층 목탑이 있던 자리는 20톤에 이르는 거대한 심초석과 주춧돌이 도드라져 보였다. 잿더미가 된 그 폐허에서도 봄마다 민들레와 고들빼기 등 야생화는 피었다. 일연 스님의 심경도 그랬을까. 출가한 신분이었지만 형체도 없이 사라져버린 목탑 앞에서 그는 평정심을 유지하기 어려웠으리라.

그 목탑지 바로 아래 비석 하나가 덩그러니 서 있다. '아비지 기

념비'였다. 1987년 경주시가 황룡사 9층 목탑의 주역, 아비지를 기리는 기념비를 조성한 것이다. 백제와 전쟁중이던 신라가 백제 무왕의 꿈이자 숙원인 익산 미륵사 석탑과 목탑을 건립한 아비지를 초빙, 미륵사보다 더 큰 규모의 9층 목탑을 건립하도록 한 것은 미스터리가 아닐 수 없다.

여왕이 즉위한 신라는 주변 어느 나라에서도 존재한 적이 없는 '여왕의 시대'를 열었지만, 백제에 100여개 성을 빼앗기는 등 조롱의 대상이었다. 일연 스님은 선덕여왕이 황룡사 9층 목탑을 건립한 이유를 자세하게 설명한다.

"선덕여왕 즉위 5년인 636년 중국에 유학간 자장법사가 오대산에서 문수보살에 감화되어 불법을 전수받았다.

그때 신령한 사람이 나타나

'지금 너희 나라는 여자를 왕으로 삼아 덕은 있으나 위엄이 없으므로 이웃 나라에서 침략을 도모하는 것이다. 그러니 빨리 본국으로 돌아가거라. 황룡사 안에 9층탑을 세우면, 이웃나라들이 항복하고 동방의 아홉나라가 와서 조공을 바치며 왕 없이도 영원히 편안할 것이다'라고 전했다.

자장이 귀국해서 선덕여왕에게 탑을 세울 것을 권하였고 선덕여왕이 탑을 세우라고 하자 신하들이 '백제에 부탁해 공장(工匠)을 데려와야 가능합니다.'라고 고하였다. 선덕여왕이 사신을 보내 보물과 비단을 가지고 백제로 가서 정중하게 공장을 청하자 같은 불국(佛國)인 백제왕이 흔쾌히 백제 최고의 장인 '아비지'와 목수들을 보냈다."

선덕여왕 즉위 초기 창건한 분황사에도 탑이 있다. 신라에서 가장 오래된 탑인 분황사 모전석탑이다. 이 탑은 벽돌을 쌓아올린 중국식 전탑형태다. 그 때까지 신라의 탑 건축술은 그다지 뛰어나지 못했다는 것을 짐작하게 해주는 탑이다.

그랬던 신라가 그로부터 10년 후, 한 변의 길이가 사방 22.2미터, 바닥면적만 490㎡에 높이 225척(80미터)에 이르는, 20층 건물에 버금가는 누각을 갖춘 목탑을 완성한 것은 기적과도 같은 일이 아닐 수 없다. 당시 상상할 수 없는 높이와 규모의 목탑을 건축한 것은 '아비지'가 없었다면 불가능했다.

익산 미륵사에서 쌍 석탑과 9층 목탑을 건립한 아비지의 명성은 신라 땅에까지 자자했다. 삼국유사에 기록된 것처럼 선덕여왕의 9층 목탑건립이 여왕의 권위를 과시하기위한 것이라는 것을 백제가 모를 리가 없었을텐데 말이다.

9층의 목탑은 1층 일본을 위시해서 2층 중화, 3층 오월 4층 탁라 등 신라 주변 아홉 개 나라에 위엄을 과시하려는 정치적 함의가 담겨있다는 것이 처음부터 알려졌다면 백제가 장인을 보냈을 리 만

무하다. 삼국유사는 아비지가 탑의 기둥(찰주)를 세우던 날, 백제가 망하는 꿈을 꿨고 그래서 한동안 공사가 중단됐다는 사실을 지나치지 않았다.

'갑자기 대지가 진동하고 캄캄해지는 가운데 한 노승과 장사가 금전문(金殿門)에서 나와 그 기둥을 세우더니 모두 없어지고 모습을 보이지 않았다. 공장(工匠)은 뉘우치고 그 탑을 완성시켰다.'

백제인인 아비지도 고민이 많았을 것이다. 미륵사지 목탑을 능가하는 규모가 여왕의 권위를 상징하는 것이라는 것을 모를 리 없었다.

한 때 불가에 귀의하기도 한 그는 물 흐르는 대로 불법에 따랐다. 대중이 탑을 도는 것이나 왕이 탑을 세우는 것이나 욕망은 매한가지라고 생각했을 것이다. 여왕의 권위는 부처가 높이는 것이 아니라는 것을 일찌감치 깨달았다. 아무리 장대한 탑이라도 언젠가는 사라질 것이라는 것을 모르지 않았을 것이다.

아버지는 첨성대 건립도 주관했다. 선덕여왕은 부처의 현신(現身)이자 신의 대리인으로 '천문'(天文)을 다스리는 지혜로운 여왕의 모습도 갖추고 싶어했다.

선덕여왕의 시대는 비록 '비담의 난'으로 갑작스럽게 마쳤지만 여왕의 시대는 '삼한통일'의 꿈을 본격 추진하는 초석이자 계기로 작용했다. 탑은 석가모니(부처)가 열반에 든 뒤 그 사리를 담은 기념조형물에서 출발한 것으로 알려져 있다. 초기 인도의 불교도들은 석가모니를 기리고자 석가모니의 사리를 담은 탑을 자주 찾았다고 한다.

현세의 불국토라 칭하던 신라 땅에는 통일신라말기까지 수많은 사찰이 건립되었고 그 사찰마다 고유한 양식의 탑들이 들어섰다. 아버지의 건축술을 전수받은 신라는 이후 최고의 탑을 남길 수 있었다. 불국사의 다보탑과 석가탑은 신라 탑의 전형이자 전설이다.

포석정의 진실

신라에 대한 오해였을까? 아니면 신라사 인식에 대한 오류였거나 신라말기에 대한 폄하일지도 모르겠다 〈삼국사기〉의 저자 김부식은 신라 제 55대 경애왕을 기술하면서 '은연중에 놀기 좋아하고 음탕하다'는 평가를 통해 경애왕을 신라멸망의 원흉격으로 적시했다.

포석정의 비극

경주 곳곳에 산재한 신라 유적지 중에서 '포석정'은 가장 주목받지 못한 유적 중의 하나로 꼽힌다. 통일신라대 짧은 태평성대로 꼽히는 헌강왕 때 조성된 '유상곡수연(流觴曲水宴)'을 하던 왕의 연회 장소였다는 '포석정'은 22m에 이르는 '인공 물길'을 따라 물이 자연스럽게 흘렀다.

유상곡수연은 흐르는 물길에 술잔을 띄워 술잔이 오는 동안 시(詩)를 지어 읊고, 시를 제대로 짓지 못하면 벌주를 마시는 유희였다. 현재 포석정에는 당시의 정자는 사라지고 물길만 덩그러니 남아있어 신라의 쇠망을 상징하는 듯해서 쓸쓸했다. 물길 모양이 전복과 같아서 '전복 포'(鮑)자를 차용한 포석정이라는 이름을 지었다.

경주의 '시그니처'는 누가 뭐라고 해도 대릉원을 중심으로 한 고분군과 불국사일 것이다. 그리고 폐허처럼 변해버린 월성과 황룡사지를 통해 천년제국의 흔적을 되살리는 시간여행을 떠나곤 한다.

김부식은 신라에 대한 편견에 사로잡혀서 포석정을 신라쇠망의 상징으로 삼은 것인지도 모르겠다는 생각이 들었다. 천년제국 신라의 숨통을 끊은 마지막 장면 중 압권은 견훤의 포석정 습격사건일 것이다. 천년의 영화를 누리던 신라가 어느 날 하루아침에 국력이 다하여 멸망한 것은 아니었다. 신라하대로 내려오면서 신하가 왕을 시해하는 비극적인 왕권쟁탈전이 잇따르는 정치적 혼란이 가중되고 사회적 혼란이 겹치면서 자멸의 길로 들어섰을 것이다.

헌강왕(36대)을 죽이고 왕위에 오른 37대 선덕왕부터 56대 마지막 경순왕에 이르기까지의 150년간 한 순간도 왕권이 안정된 적이 없었다. 잠시 동안 태평성대를 맞이한 헌강왕대를 제외하고, 정강왕 진성여왕 효공왕 신덕왕 경명왕 경애왕에 이르면서 신라는 최

후를 향해 치닫고 있었다.

그 사이 궁예와 견훤 등 지방호족들이 태봉과 후백제, 고려 등을 잇달아 건국하면서 후삼국시대를 열었고 신라는 마침내 이들에게도 조롱당하는 소국신세로 전락하고 말았다.

"9월에 견훤이 고울부(영천)에서 우리 군사를 침범하므로 왕이 구원을 태조에게 청하니 태조(왕건)는 부장으로 하여금 정병 1만 병을 출동하여 가서 구원케 하였다. 견훤은 구원병이 아직 오지 아

창림사지 삼층석탑@

니한 것을 기회로 11월에 갑자기 왕경에 쳐들어왔다.

(마침)왕이 비빈과 종척으로 더불어 포석정에 가서 잔치하며 즐겁게 놀던 때라 적병이 닥침을 알지 못하였다. 창졸히 어찌할 바를 몰라 왕은 비와 함께 후궁으로 달려 들어가고 종척 공경대부 시녀들은 사방으로 흩어져 도망쳤다. 적병에게 사로잡힌 자는 귀인 천인 할 것 없이 다 해한 포복하여 노복이 되기를 애걸하였으나 (해를)면치 못하였다.

견훤은 대궐에 들어가 거처하며 좌우로 하여금 왕을 찾아내게 하였다. 왕은 비첩 몇 사람과 함께 후궁에 숨어 있다가 군중(軍中)에 잡혀갔는데 견훤은 왕을 핍박하여 자진(自盡)하게 하고 왕비를 간음하고 부하로 하여금 그 비첩들을 난동케 하고 왕의 족제(김부)를 내세워 국사를 권지케 하니 이가 곧 경순왕이었다."

견훤의 대공세가 임박하자 신라 경애왕이 왕건에게 긴급하게 구원병을 요청한 절박한 상황에서 포석정에서 성대한 연회를 벌이다가 목숨과 나라를 잃었다는 것이 납득이 가지 않는다. 신라가 망한 지 200여년이 지난 1145년에 완성된 삼국사기라고는 하나 신라 입장에서는 참으로 안타까운 역사다.

그래서 포석정이 비록 유상곡수연을 즐기는 연회장이기는 하나, 화랑세기 필사본이 포석정을 '포석사'(鮑石祠)라고 기술한 것과 인근에서 제사용품이 대거 발굴됨에 따라 왕이 포석정에 행차한 것은 연회가 아니라 왕실 제사를 지내려다가 변고를 당한 것 아니냐는 주장도 나름 설득력을 얻고 있다.

어쨌든 천년사직이 풍전등화 처지에 빠진 상황에서 왕이 연회를 하다가 변고를 당했다는 이야기는 신라의 쇠락을 기정사실화하는 데 큰 기여를 한 것 같다.

신라는 3성(박씨 석씨 김씨) 정권, 6촌은 왕이 되지 못했다.

눈여겨 볼 다른 대목은 신라 말까지 김씨가 독점하던 왕권이 신덕왕부터 경명왕, 경애왕에 이르기까지 3대에 걸쳐 박씨로 왕권이 넘어간 사실이다.

신라 시조 왕 박혁거세를 시작으로 박씨 왕은 7명이었다. 4대 석탈해를 시작으로 석씨(昔)씨 왕도 7차례 배출됐고 미추왕부터 시작된 김씨 왕은 내물왕이후에는 김씨들이 독점하다시피했다. '성골과 진골' 논란도 다 김씨 왕조내의 이야기일 뿐이다.

그러다가 신라 말 신덕왕이 즉위하면서 경애왕까지 3대에 걸쳐 박씨로 넘어갔다가 마지막 경순왕(김부)에게 넘어가면서 신라는 소멸했다.

'불국토'(佛國土)라고 불리는 경주의 남산자락은 신라의 탄생과 멸망 등 '흥망성쇠'를 함께 했다. 남산에 들어서는 초입에는 시조 박혁거세의 탄강(誕降)전설이 깃들어있는 나정(蘿井)이 있고 조금 더 남산으로 들어가다가 만나게 되는 포석정은 신라의 멸망을 상징하는 표지석 같은 곳이다.

그 사이에는 박혁거세 때 지어진 신라의 첫 궁궐터로 알려진 '창림사지'가 자리잡고 있다. 월성(月城)시대가 열리기 전 신라왕의 거처인 궁궐은 현재의 창림사지에 건립되었다. 그 궁궐이 사라진 터에 뒷날 창림사가 들어섰지만 그 절마저 없어지고 지금 그 자리에는 석탑 한 기만 덩그러니 남아 봄이 오는 길목을 지키고 있다. 방탕하고 무능하다(?)는 경애왕릉도 지척지간인 삼릉에 있다.

이른 새벽 오릉을 찾아 혁거세부터 남해 유리왕 등 신라 초기 4대왕과 알영왕비의 능을 돌아 신라의 명멸을 추억하면서 남산자락으로 난 길을 따라 나정과 창림사지 포석정과 삼릉, 경애왕릉까지 한나절 천천히 들러본다면 신라천년을 한나절 동안에 체험할 수도 있을 것 같다.

신라왕은 외부세력이 독차지했다.

신라는 사실 토착세력이라고 할 수 있는 6촌, 6부 사람이 아닌 외부로부터 들어 온 '도래인'(渡來人)혁거세와 탈해 그리고 김알지로 대표되는 외부세력이 번갈아 통치한 나라였다고 해도 과언이 아니

다. 신라는 박씨(朴氏)와 석씨(昔氏) 그리고 김씨(金氏) 등 3성씨가 주인인 나라였다. 3성씨가 지배계급을 차지하고 당초 신라가 있던 진한지역에 자리잡았던 토착세력인 6촌의 촌장과 촌민들은 6두품 이하 중하층민을 구성한 것이다.

 신라 건국 전 진한 땅에 자리잡은 6촌은 알천양산촌(閼川楊山村), 돌산고허촌(突山高墟村), 취산진지촌(觜山珍支村), 무산대수촌(茂山大樹村), 금산가리촌(金山加利村), 명활산고야촌(明活山高耶村) 등이다. 이 6촌 촌장들이 기원전 57년 알천 언덕(지금의 탈해왕릉 옆의 표암)에 모여 알에서 탄생한 난생신화의 박혁거세를 신라의 첫 왕으로 추대했다.
 6촌은 각 촌마다 각각의 신화를 갖는 등 독자적인 성씨의 시조가 됐지만 도래인들에게 정치권력을 빼앗긴 후 다시는 왕권 근처에 접근하지 못했다.

그러나 도래인이든 토착민이든 이들이 지금 한반도의 '오리진'이 되었다는 것은 부정할 수 없다. 6촌장을 시조로 한 이씨, 최씨 정씨 손씨 배씨 설씨 등의 6성이 우리나라의 절대다수 성씨가 되고 여기에 왕족이었던 박씨와 김씨, 석씨 등 9성이 이후 한반도의 지배적인 성씨를 구성하게 된다.

그 이후 수많은 파생 본을 가진 성씨가 등장했지만 지금 우리나라 성씨의 60%정도가 김씨 이씨 정씨 최씨 손씨 배씨라는 것은 신라 6촌이 우리나라의 오리진이라는 것을 역설적으로 증명해준다.

신화의 세계라지만 6촌의 부족국가 형태를 유지하고 있던 6촌 촌장들이 어느 날 외부에서 온 어린 박혁거세를 왕으로 추대한 이유는 무엇이었을까? 기본적으로 외부 유입세력의 일원인 박혁거세는 토착세력인 6촌을 압도하는 힘과 권능을 가졌을 것으로 추측할 수밖에 없다.

그렇지 않고서야 무력으로라도 6촌을 제압하지 않은 상황에서 6촌 촌장들이 박혁거세를 왕으로 합의 추대할 수는 없었을 것이다. 당시 박혁거세는 불과 13살의 어린 아이에 불과했다. 박혁거세는 외부 도래인집단의 대표였을 것이다. 월성시대로 넘어가기 전 도래인집단은 남산 서쪽인 창림사지에 첫 궁궐을 지었다.

황룡사 그리고 분황사

빈 들판에 섰다. 토함산을 넘어온 겨울바람이 스치자 매서운 기운이 코끝을 맴돈다. 폐허와도 다를 바 없는 '폐사'(閉寺) 황룡사 빈터다. 봄이면 파릇파릇한 청보리가 유혹하고, 가을이면 코스모스와 야생화 천지가 되곤 하던 황룡사지가 원래의 모습으로 되돌아갔다.

복원되지 못한 역사는 아련한 옛 기억을 떠올리게 한다. 화려했

던 천년제국의 영화를 상징하던 호국사찰 황룡사는 어디에도 없다. 신라의 자랑이라던 장육존상과 9층목탑도 진흥왕의 '천사옥대'도 찾을 수 없다. '눈을 감고' 천천히 황룡사 터 구석구석을 거닐다 보면 고구려 백제와 경쟁하면서 살아남은 신라인의 강건한 기상이 '훅'하고 느껴진다.

전란의 시대였다. '황룡'을 동원해서 민심을 통합하고, 진흥왕·진지왕·진평왕·선덕여왕 등 4대를 이어가면서 왕들이 웅장한 규모의 대사찰을 짓고 당시로서는 세계 최대 규모의 9층 목탑을 완성시킨 이유도 짐작할 수 있을 것 같다.

선덕여왕보다 한 세대 늦은 690년 즉위한 중국 최초의 여왕 '측천무후'도 황룡사 9층 목탑에 대한 소문을 들었을 것이다 2010년 개봉한 중국영화 '적인걸, 측천무후의 비밀'(狄仁傑之通天帝國)에 등장하는 목조불상은 당시 낙양(洛陽) 용문석굴 비로자나불을 토

@이채근

대로 120m 높이의 규모로 만든 통천부도(通天浮屠)다.

백제 무왕도 익산 미륵사에 황룡사 9층 목탑에 필적하는 석탑과 목탑을 먼저 세우면서 경쟁을 촉발했다. 미륵사 목탑은 백제의 몰락과 더불어 불타버렸다. 거대목탑은 부처의 힘으로 왕권을 강화하려는 권력의 상징이었다.

'신라 제 24대 진흥왕 즉위 14년(553) 2월, 용궁 남쪽에 대궐을 지으려고 하는데 그 땅에서 황룡(黃龍)이 나타났다. 그래서 대신 절을 짓고 황룡사(皇龍寺)라 했다.'

〈삼국유사〉는 황룡사 건축을 둘러싼 비화를 신화적으로 전한다. 진흥왕은 영토를 확장하면서 국력이 날로 확장됨에 따라 늪을 메워 궁궐을 확장해 변방 소국의 존재에서 벗어나려고 한 모양이다. 월성과 분황사 사이의 늪을 메워 궁궐을 지으려고 했다. 그 늪에서 황룡이 나오자 궁궐 대신 절을 지었다. 황룡인지 황금빛 잉어가 나왔는지는 중요하지 않다.

고구려 백제와의 계속된 영토전쟁으로 온 백성들이 고통을 당하는 와중에 궁궐을 짓겠다는 왕의 야심만만한 계획이 민심과 부딪쳤을 것이다. 그러자 왕은 궁궐이 아니라 '왕의' 절을 짓는 것으로 타협을 했을 것이다. 황룡이 나온 절이라면 '黃龍寺'가 돼야 했지만 임금 皇자를 붙여 '皇龍寺'가 된 것은 그 때문이었다.

황룡사와 신라 삼보

무한경쟁의 시대였다. 영토를 뺏고 뺏기는 전쟁은 일상이었다. 민족 개념은 아예 없었다. 먼저 쓰러뜨리는 자가 최후의 승자가 되는 약육강식의 시대였다. 불교는 먼저 전래된 고구려와 백제보다 신라에서 더 흥성했다. 신라 땅이 부처의 땅이라 믿은 신라는 불교를 호국(護國)에 활용했다. 국가사찰 황룡사는 그래서 신라 국력의 상징이었다.

백제 또한 최전성기였던 무왕 때 미륵사를 지었고 그곳에 목탑과 석탑까지 갖췄다. 아름다운 미륵사 목탑에 대한 소문은 신라로 전해졌고 신라는 미륵사를 능가하는 절을 짓기로 했다.

황룡사는 진흥왕 때 창건했지만 선덕여왕이 즉위할 때까지 석탑도 목탑도 없었다. 절이 완성되지 않은 셈이다. 선덕여왕은 왜 세상에 없던 규모의 아름다운 목탑을 황룡사에 세우려 했던 것일까? 역사상 최초의 여왕이 즉위하자 신라 왕실은 물론이고 백제와 고구려와 당나라도 얕잡아보았고 민심도 뒤숭숭했을 것이다.

백제 무왕은 군사를 보내 수시로 변경을 침범, 수십여 곳의 마을을 점령하면서 조롱했다. 남존여비사상은 그 때나 지금이나 다를 바 없었을 것이다. 여왕은 이웃나라의 노골적인 조롱에 대응하고 괄목할만한 치적을 쌓는 것으로 정면돌파의 필요성을 느꼈다.

천년의 기억   107

당 태종이 즉위한 선덕여왕에게 '모란'(牧丹)그림과 씨앗을 보내자 향기가 나지 않는 꽃을 보낸 것은 '여왕즉위에 대한 폄하'라며 쑥덕거리는 소리도 들렸다. 그러나 모란이 제국의 수도 뤄양(洛陽)을 상징하는 꽃이라는 사실을 생각하면 선덕여왕에 대한 존중이라고 보는 것이 보다 타당할 것 같다.

낮은 언덕 위에 위치한 궁성 '월성'보다 더 높은 건물이 없던 왕경에서 80m에 이르는 황룡사 9층 목탑은 선덕여왕의 치세를 상징하는 기념비가 되었다. 웅장한 규모의 9층 목탑이 완성되자 황룡사에서는 수시로 '팔관회'와 법회, 강연을 여는 등 호국사찰의 중심으로 자리 잡았다. 팔관회가 열리는 날이면 층층마다 연등으로 장식된 9층 목탑은 경주시내 어디에서도 볼 수 있는 장관이었을 것이다.

9층 목탑이 당시 '적국'이던 백제의 목수 아비지를 모시고 와서 3년에 걸쳐 완성했다는 점은 여전히 수수께끼로 남아있다. 또한 목탑건축을 총괄한 이간 '김용춘'은 진지왕의 아들로서 진평왕의 딸로서 왕위계승을 한 선덕여왕과 자칫 '성골'간 왕위계승을 둘러싸고 골육상쟁의 원수가 될 수도 있었다.

선덕여왕은 불편한 사이인 용춘을 이간으로 임명하고 9층목탑건립을 총괄하게 하면서 왕실의 갈등마저도 해소하는 정치력을 발휘한 것이다.

그러나 아버지의 9층 목탑은 50여년이 지난 효소왕 때 벼락을 맞아 불에 타 성덕왕 때 다시 지었다. 경문왕 때 다시 벼락을 맞은 후

중수됐다가 고려시대에도 세 차례 더 벼락을 맞고 중수했으나 고려 말 몽골군의 침입 때 목탑은 물론 장륙존상 전각 등 황룡사 전체가 불에 타 사라졌다.

몽골이 태워버린 것은 목탑과 장륙존상만이 아니다. 금당도 사라졌고 금당벽화로 잘 알려진 솔거의 노송도도 불에 탔다. 천년제국의 영화는 흔적도 없이 사라졌고 고려의 운명도 풍전등화의 처지에 빠진 것이다.

황량한 들판이 황룡사지라는 걸 증명하는 것은 그나마 발굴해 놓은 9층 목탑의 '심초석', '장육존상' 주춧돌, 금당의 흔적 등이 남아있기 때문이다. 여기서 천년제국의 영화(榮華)도 덧없는 것이라는 부처의 가르침을 깨닫는다

여왕의 절, 분황사

분황사(芬皇寺)는 이름 그대로 향기로운 황제의 절이다. 향기로울 '분'(芬)자와 임금 '황'(皇)자를 절 이름에 썼다는 것에서 분황사가 선덕여왕의 절이라는 것을 쉽게 짐작할 수 있다.

넓은 황룡사지에 비하면 작은 법당 하나와 모전석탑 우물과 당간지주만 남아있는 분황사는 왕의 절 치고는 초라해 보이기도 한다. 그러나 황룡사와 이웃한 분황사는 황룡사의 2/3 정도의 규모를

가진 큰 사찰이었다.

 드라마로도 방영된 선덕여왕은 아들이 없는 진평왕의 딸 덕만 공주였다. 신라왕실에서는 왕에게 아들이 없을 경우에는 '화백회의'를 통해 왕의 동생이나 조카 등 왕족을 후계로 삼았다. 여왕의 즉위는 전례가 없는 초유의 일이다. 딸이 왕위를 계승할 수 없다는 법은 없지만 여왕의 즉위는 혁명적이었다. 왕실은 물론 민심도 동요했다.

 부처의 나라 신라는 불교를 통해 난국을 해소하는 묘법을 냈다. '여왕의 절'을 창건해서 여자도 부처를 모실 수 있다는 것을 대외적으로 공표한 셈이다.

 분황사에 들어서면 벽돌로 쌓은 3층 석탑을 만난다. 국보로 지정된 분황사 '모전석탑'이다. 우리에게 익숙한 다보탑이나 석가탑과는 전혀 다른 모양이다. 벽돌로 쌓은 전탑(塼塔)형식은 당시 중국에서 유행하던 형식이었다. 아마도 자장법사 등 중국유학을 다녀온 승려들의 조언에 따라 건축됐을 것이다. 석탑을 해체 수리하는 과정에서 장신구와 바느질도구 등이 출토됐는데 아마도 이는 선덕여왕의 공양품 이었을 것이다.

분황사는 선덕여왕의 절이지만 오히려 원효(元曉)대사와 인연이 더 깊다. 국사가 된 자장이 불교계율을 정리하고 승려들의 교육에 힘을 썼다면 원효는 신라불교의 대중화에 공이 크다. '의상'과 함께 중국 유학길에 오른 원효는 도중에 해골에 담긴 물을 마신 후 큰 깨달음을 얻어 유학을 포기하고 서라벌로 되돌아왔다.

'모든 것은 마음먹기에 달렸다'는 '일체유심조'가 그것이다. 원효는 세상 속으로 들어갔다. 요석공주와의 사이에 신라10현이 된 '설총'을 낳았고 광대처럼 노래하면서 '나무아미타불'을 외치고 다녔다. 두꺼운 경전을 외우지 않더라도 우리 마음속 부처를 만날 수 있다는 진리를 대중들에게 몸소 실천하고 보여줬다. 원효야말로 우리가 살고 있는 땅이 곧 부처의 땅이라는 것을 알려준 그 시대의 '부처'가 아니었을까.

삼국통일의 제왕, 문무대왕

@이채근

만일 신라가 아닌 고구려가 삼국통일을 했다면 만주도 우리 영토로 지켜낼 수 있었을까? 그러나 삼국 중 가장 '강대한' 고구려는 삼국통일의 의지를 전혀 드러내지 않았다. 신라의 삼국통일은 필연이었다. 신라는 고구려·백제와의 생존경쟁에서 살아남아야 한다는 절박함으로 백제와 맞섰고 이어 고구려를 멸망시켰다.

7세기 한반도는 고구려와 백제 신라의 3국간의 질풍노도의 시대였다. 고구려의 남진에 대응한 신라와 백제의 '나·제 동맹'이 깨진 후 서동요의 주인공 '무왕'이 재위하던 시기 끊임없이 신라를 침공하면서 생존을 위협했다. 같은 시기 우리 역사상 최초의 여왕으로 등장한 신라 '선덕여왕'은 백제의 위협에 맞서는 프로젝트에 착수했다.

'황룡사9층 목탑'을 건립, 불교를 통한 호국(護國)의지를 대내외에 과시하는 동시에 김춘추를 당나라와 고구려에 보냈다. 삼국통일 프로젝트의 시작이었다.

삼국통일에 대한 오해

경주 도심을 차지한 대릉원과 노동리·노서리 고분군과 오릉, 삼릉 등 신라왕들의 고분은 대부분 시내와 외곽에 산재해있지만 문무왕의 능은 경주시내 어디에서도 찾을 수 없었다. '고분 도시' 경주에서 문무왕의 능은 바다에 있기 때문이다. 세계 유일의 수중

왕릉인 '문무대왕릉'이 그것이다.

선덕여왕과 진덕여왕 등 대를 이은 두 여왕과 태종무열왕(김춘추) 시대를 거쳐 즉위한 문무대왕(661~681)은 태자시절 백제와의 전쟁에 참전한 데 이어 대(對)고구려, 대(對)당 전쟁까지 성공적으로 수행하면서 삼국통일을 완성했다. 끊임없는 전쟁의 연속이었다. 한 전쟁이 끝나면 다음 전쟁이 이어졌고 다른 적을 격파해야 하는 형국이었다.

그러나 삼국통일의 과업을 시작한 선왕 김춘추의 시호가 무열(武烈)왕인데 반해 그의 시호가 '문무'(文武)라는 것은 '전쟁광'처럼 역사에 기록되는 것을 싫어했기 때문이라는 해석도 존재한다.

고구려나 백제가 아닌 신라가 삼국통일을 하는 바람에 고구려

영토였던 만주를 잃어버리는 결과를 낳았다는 것과, 신라가 당(唐) 나라와 연합해서 백제와 고구려를 공격한 것이 외세 의존적이라는 부정적 인식이 여전하다. 역사적 사실은 고구려는 남진정책을 통해 백제와 신라의 존립을 위협했고 이에 대응한 '나·제동맹'이 100년 이상 지속되다가 깨지면서 백제와 신라는 '앙숙전쟁'에 돌입했다는 점이다.

백제 및 고구려의 군사적 위협에 생존이 위협받던 신라는 외교력을 발휘, 당나라와 손을 잡았다. 이에 백제는 왜(倭)와 연합했으나 나·당 연합의 상대가 되지 못했다. 백제의 외교실패였다.

동아시아의 국제정세를 정확히 파악한 신라 외교의 승리라고 평가하지 않을 수 없는 대목이다. 신라의 연대요청을 무시한 고구려도 신라를 과소평가한 대가를 치를 수밖에 없었다. 신라가 백제와 고구려를 차례로 무너뜨리고 삼국통일의 대업을 달성하게 된 것은 절박했기 때문이다. 백제와 고구려는 삼국통일에 대한 의지는 물론, 군사력을 갖추지도 못했고 국가생존에 대한 위기감마저 없었다.

동해 용(龍)이 되어 왜적의 침입을 막겠다는 문무대왕릉

경주시내에서 동해를 향해 달리다가 감은사지를 지나 5분여 더 가면 삼거리가 나온다. 왼쪽으로 직진하면 감포 방향이지만 우회전해서 대종천 다리를 건너면 바로 봉길리 바다가 나온다. 동해바다는 거침이 없다. 망망대해다. 봉길리 바다에선 바위섬 하나가 시야에 들어온다. 갈매기들이 온전하게 차지한 문무대왕릉이다. 선대 왕들이 이루지 못한 삼국통일이라는 대업을 완수한 위대한 왕으로 기록된 문무왕은 왜 거대한 봉분을 조성하고 화려한 부장품으로 치장한 '제왕의 능'을 조성하지 않았을까? 혹시라도 다른 이유가 있는 것은 아닐까?

"임종한 뒤에 열흘이 되면 바로 왕궁의 고문(庫門) 밖 뜰에서, 서역의 법식에 따라 불로 태워 장사지내고, 상복을 입는 경중이야 본래 정해진 규례가 있을 터이니 장례절차는 힘써 검약하게 하라" 문무왕의 아들인 신문왕(神文王)은 부친의 유언을 충실히 따랐다. 문무왕이 죽자 고래로 '신들이 노니는 숲'이라는 뜻의 '신유림'(神遊林)으로 불리며 신성시 되던 낭산(狼山)에서 화장을 한 후 동해 수중릉을 만들어 안치했다.

그리고 문무대왕릉과 가까운 곳에 짓고 있던 절을 완공한 후 '감은사'(感恩寺)라 고쳤다. 감은사 금당 섬돌 아래로 바다가 있는 동쪽으로 구멍을 뚫어 용(龍)이 된 선왕이 드나들 수 있도록 했다. 후에 대왕암에서 용이 나타나는 것을 본 곳에 정자를 지었다. 대왕암이 바라보이는 곳에 지어진 정자가 이견정이다.

삼국유사와 감은사 '사중기'는 문무왕이 동해 용(龍)이 되어 왜적의 침입을 막겠다고 하여 수중릉을 만들었다고 전한다.

그러나 의문이 남는다. 백제 고구려를 무너뜨리고 당나라의 속국지배야욕까지 패퇴시키고 삼국통일의 대업을 완성한 문무왕은 왜 성대한 제왕의 장례를 마다하고 신라역사상 전무후무한 서역방식 '화장'을 선택하고 유골마저 바다에 산골하게 하였을까? 신문왕은 문무왕의 유언 대신 성대한 장례를 선택할 수도 있었을 텐데도 말이다.

문무왕은 평생 전쟁터에서 지냈다. 태자시절부터 그는 김유신 장군을 도와 백제와의 전쟁에 참전했고 백제가 망한 직후 왕위에 올라 고구려와의 전쟁에 몰입했다. 이어 당(唐)이 계림도독부를 설치, 야욕을 드러내자 670년부터 7년간 당나라와의 전쟁을 피하지 않았다.

아버지(김춘추)가 시작한 통일대업을 마무리한 자랑스러운 아들이었지만 20년간의 피비린내나는 전쟁은 문무왕을 피폐하게 만들었을 것이다. 그가 불교식 화장을 고집한 것은 일생동안 전쟁으로 점철된 대왕의 일생에 대한 회한의 심정을 대신한 것이 아니었을까.

어느 왕도 감히 실행하지 못한 화장장례와 유해를 바다에 수장하도록 한 문무왕의 결단은 동서양의 역사를 통틀어 전무후무한 일이었다. 문무왕은 그렇게 해서라도 나라를 지키려던 자신의 호국의지를 표현하면서 마음의 평안을 얻고 싶었을 것이다.

얼마 전 방송된 TV의 짝짓기 프로그램의 무대로 감은사지가 나왔다. 짝을 찾기 위해 나온 솔로남녀가 함께 탑돌이를 하면서 짝을 찾을 수 있도록 기도하는 장면이 나와서 실소를 금치 못했다. 모든 종교가 마음의 위안을 얻고 기복신앙이라지만 감은사는 문무왕의 호국(護國)의 뜻을 담아 창건한 절이다.

삼국통일을 이룬 신라지만 여전히 백제와 고구려 유민들의 저항을 누그러뜨리고 민심을 수습하는 것이 최우선 국가적 과제였고 오랜 전쟁으로 피폐해진 백성의 삶을 보살펴야 하기도 했다. 그러기 위해서는 외부로부터의 적의 공격을 최소화할 수 있도록 군사력을 정비하는 한편, 민심을 수습하기 위한 왕의 노력도 대대적으

로 드러나야 했다.

 문무왕은 자신의 주검을 민심수습에 활용하는 제왕으로서는 하기 힘든 정치적 결정을 했다. 신문왕은 문무왕의 장례를 소박하게 치르면서 민심수습에 활용했다. 당초 왜적을 무찌르겠다는 의미로 문무대왕이 '진국사'(鎭國寺)로 짓던 절이 아들 신문왕이 선왕의 자기희생에 감사한다는 뜻을 담은 '감은사'로 바뀐 것이다.

 용이 되어 나라를 지키겠다는 문무왕을 위해 법당 아래로 용이 드나들 수 있도록 구멍을 뚫었다는 이야기는 정치적이다. 한 번 피리를 불면 모든 적들을 제압할 수 있다는 '만파식적' 설화도 마찬가지다. 물론 당시로서는 왜구(倭寇)가 신라의 크나 큰 골칫거리 중의 하나였을 것이다. 신문왕은 즉위하자마자 장인 김흠돌이 반란을 일으키면서 내부의 적이 드러나는 등 정국이 어수선했다. 백제와 고구려가 멸망하고 당나라가 물러갔다고 해서 평화가 찾아온 것이 아니었다.

문무왕의 화장 장례가 주는 충격은 대단했다. 그때까지 불가(佛家)에서만 행하던 불교식 화장(火葬)을 왕이 자청한다는 것은 상상할 수도 없었다. 그러나 왕경(경주) 월성 인근에 엄청난 면적을 차지하는 왕릉을 조성하겠다며 민가를 수용하는 일이 불가능해질 정도로 '통일신라'의 수도 왕경은 국제도시로 발돋움하고 있었다. 그런 이유도 있었을 것이다.

신라인은 '부처의 땅'(佛國)에 산다고 생각할 정도로 불심이 깊었다. 왕경을 중심으로 도처에 사찰이 지어졌고 백성들도 모두 부처를 믿었다. 그 중에서도 '낭산'은 신라인들이 가장 신성시하는 수미산이었다. 선덕여왕의 능도 도리천이라 믿는 낭산 자락에 있다.

그래서 왕으로서는 최초의 화장(火葬)방식의 장례인 문무왕의 다비식은 낭산 자락에서 열렸다. 문무왕의 다비식을 거행한 자리가 낭산 선덕여왕릉으로 올라가는 왼쪽에 자리한 '능지탑'으로 추정된다. 문무왕의 유언에 따른 '고문(庫門)밖'이 그곳이라 추정되기 때문이다.

다시 통합이 필요한 시대다. 통일과 통합은 그때나 지금이나 늘 우리의 소원이지 않은가. 아무도 가지 않은 길을 가려는 용기를 가진 문무대왕 같은 통합의 아이콘이 절박한 시대다.

예로부터 "왕의 무덤을 참배하면 상서로운 '서기'(瑞氣)를 받을 수 있다"고 했다. 신들의 놀이터이기도 한 왕릉 사이를 천천히 거닐다보면 신라 천년의 역사가 생각나기도 하고 그 역사를 통해 신이 아닌 한 인간으로서의 왕들의 고뇌와 지난 백성들의 삶과 고통도 기억하게 된다.

그래도 우리가 대릉원을 찾는 가장 큰 이유는 천년역사를 기억해주는 듯한 황남대총 사이의 '목련나무' 포토존이다. 대릉원은 한 시대, 아니 천년 동안의 흥망성쇠를 기억하는 아이콘이다. 그 목련 꽃잎이 봄비를 맞아 뚝뚝 떨어졌다. 신라의 봄도 그렇게 절정을 향해 달려갈 것이다.

제 2 부

우리들의 경주

경주를 노래하다

국수는 스님을 미소 짓게 한다는 의미로 불가에서 '승소'(僧笑)라는 애칭으로 불린다. 국수가 언제부터 스님들의 사랑을 받게 되었는지는 정확하게 알려지지 않았지만 중국 송나라시대 우리나라와 일본으로 국수문화를 도입한 장본인이 '유학승'이었던 것만은 틀림없는 사실이다.

신라천년의 수도 경주에는 유난히 국수집이 많다. 시내는 물론

이고 불국사 아랫동네에도 줄서야 먹을 수 있는 유명 국수식당이 여럿 있다.

신라와 동시대인 당나라에서는 국수문화가 보편화되지 않았지만 송나라에 들어서면서 비로소 국수문화가 활짝 피면서 우리(고려)와 일본으로 국수제면기술이 전래됐다. 누구나 즐겨먹는 서민음식으로 자리잡은 국수의 처지는 지금과 달리 당시에는 스님이나 귀족·사대부들도 특별한 날에만 먹을 수 있었던 귀한 음식이었다.

'불국사'를 창건, 신라가 '부처의 땅', 佛國이라는 것을 공공연하게 공표할 정도로 불심에 심취한 신라의 수도 경주에서 스님들이 가장 좋아하는 국수집이 성업중이라는 사실은 특별한 의미로 다가온다. 잔치국수와 칼국수는 물론이고 6.25 전쟁으로 탄생한 밀면도 부산과 더불어 경주가 한 종가를 차지하고 있는 것도 단순한 우연은 아닐 것 같다. 통일신라말 왕경 '경주'는 사찰의 증가와 더불어 승려들의 수도 급증했다.

신라의 달밤

불국사는 학창시절 수학여행의 추억을 간직하고 있는 중장년층에게 경주를 떠올리게 하는 불쏘시개와 같은 장소다. 지금처럼 불국사관광단지가 제대로 정비되지 않았던 당시 수학여행을 간 학생들은 불국사 아랫동네에 자리 잡은 오래된 단층 여관촌에 묵으

  면서 이른 새벽 '딩~~~딩~~'새벽예불을 알리는 불국사의 종소리가 울리던 불국사의 새벽을 기억할 수 있을 지도 모르겠다.

  혹은 경주에서 유년을 보낸 경주사람들은 시내 고분군에 있는 '봉황대'에 있다가 1915년 경주박물관으로 이전된 성덕대왕신종(에밀레종)의 종소리를 아침저녁 들으면서 하루를 시작하곤 했다. 한 때 경주에서의 '제야의 종' 타종행사에 한 두 번 타종되기도 하던 성덕대왕 신종은 문화재보호를 위해 직접 타종하는 대신, 경주박물관에서 매시간 녹음된 종소리를 들려주는 방식으로 아쉬움을 달래주고 있다.

  혹시라도 에밀레종이나 불국사의 종을 직접 타종하고 싶은 욕망이 있다면 분황사에 가서 타종하는 것으로 대신할 수도 있다. '선덕여왕의 절'인 분황사에서는 누구나 종을 타종할 수 있도록 배려해서 다행이다. 경주는 한국인이라면 누구나 아련하게 고향을 떠올리는 영혼의 '오리진'으로 자리잡았다.

아 신라의 밤이여 / 불국사의 종소리 들리어온다.
지나가는 나그네야 걸음을 멈추어라 / 고요한 달빛 어린 금오산 기슭에서 / 노래를 불러보자 신라의 밤 노래를

아 신라의 밤이여 / 화랑도의 추억이 새롭구나 / 푸른 강물 흐르건만 종소리는 끝이 없네 / 화려한 천년 사직 간 곳을 더듬으며 / 노래를 불러보자 신라의 밤 노래를

아 신라의 밤이여 / 아름다운 궁녀들 그리웁구나 / 대궐 뒤에 숲 속에서 사랑을 맺었던가 / 님들의 치마 소리 귓가에 들으면서 / 노래를 불러보자 신라의 밤 노래를

〈신라의 달밤〉은 경주를 노래한 대중가요 중에서 가장 사랑받고 있다고 해도 과언이 아닐 정도로 잘 알려져 있다. 8.15 해방 직후인 1947년 가수 현인이 부른 이 노래는 해방의 기쁨을 경쾌한 리듬감으로 살려내면서 당대 최고의 대중가요로 우뚝 섰다.

경주를 노래하라

달빛이 교교하게 비치는 저녁, '야경 핫플'로 자리 잡은 동궁이나 월성을 거니노라면 어딘가에서 은은하게 종소리가 들리는 환청에 사로잡히기도 한다. 경주는 황룡사와 분황사, 불국사 뿐 아니라 도처에 부처를 모시는 사찰들로 가득한 '부처의 나라'였다. 눈을 뜨면

불국사의 종소리도 에밀레종소리도 들리지 않는 사바세계지만, 눈을 감으면 극락정토로 인도하는 신비스러운 신라의 종소리. 신라인들이 사바세계에서 구현하고자 했던 극락정토가 경주였지 않을까 싶다.

신라초기 왕릉인 '대릉원'과 노서동 고분군 혹은 황룡사지나 월성을 거니노라면 마치 신라시대로 되돌아간 천년신라시대의 영화(榮華)는 물론 견훤의 후백제군사가 쳐들어와서 왕성을 노략질하던 장면이 파노라마처럼 펼쳐지는 듯한 감상에 젖기도 한다. 첨성대와 안압지로 불리던 동궁의 은은한 불빛을 따라 걷다보면 '신라

우리들의 경주 129

의 달밤'속으로 빠져들 수도 있다.

경주에 간 어떤 날에는 마치 내가 신라의 장군이이었던 같은 기시감에 사로잡혀 낯익은 풍경처럼 경주에 남아있는 유적들이 친근감있게 다가오기도 한다. 노래는 그런 마력이 있다. 경주에 다시 간다면 원로가수 현인버전의 〈신라의 달밤〉도 좋고 젊은 레트로 가수 조명섭 버전의 노래도 좋다. 보름달이 지는 저녁 시간 봄이 오는 길목의 요즘 경주는 시간여행하기 좋다.

일제강점기인 1931년에 처음 나온 대중가요 〈마의태자〉(이은상

작사, 안기영 작곡·노래)는 천년제국의 영화를 뒤로 한 채 산속으로 들어간 신라의 마지막 태자, '마의태자'의 심경을 노래하면서 일제에 나라를 빼앗긴 망국의 설움을 토로하면서 자주독립의 의지를 고취시켰다.

'그 나라 망하니 베옷을 감으시고 / 그 영화 버리니 풀뿌리 맛보셨네 / 애달프다 우리 태자 그 마음 뉘 알꼬 / 풍악산 험한 골에 한 품은 그 자취 / 지나는 길손마다 눈물을 지우네...'

경주는 우리의 오리진

〈신라의 달밤〉이후 신라와 경주를 소재로 한 노래들이 봇물 터지듯 쏟아져 나왔다. 〈신라 천년〉(백일평)과 〈신라의 북소리〉(도미), 〈신라의 칼〉(신세영), 〈신라제 길손〉(백년설)등에 이어 이미자도 〈님 그리운 망부석〉 등이 그것이다.

〈님 그리운 망부석〉은 눌지왕 때 일본에 간 박제상을 그리워하다가 치술령에서 망부석이 된 치술부인의 이야기를 소재로 한 대중가요로 남편을 그리워하는 아내의 절절함을 노래했다.

'치술령 바위고개 밤마다 올라가서/ 망망한 허허바다 가신 님 불러보네/ 왕명을 어이하리 나라에 바친 그/ 어린 딸 삼 형제가 아버지를 찾는구나/ 치술령 바위고개 솔바람 불어오고 교교한 달빛만이 바다에 흐르는데/ 목메어 부르다가 쓰러질 이 목숨이 님 그린 일편단심 님 그린 일편단심/ 망부석이 되었구나'

신라 충신 박제상은 결국 일본에서 돌아오지 못하고 죽었고 그의 아내와 세 딸도 남편과 아버지를 기다리다가 새가 되고 망부석이 되었다는 슬픈 이야기를 소재로 했다.

1979년 대학가요제에 출전한 대학생가수 김주영은 문무대왕암을 소재로 한 경쾌란 리듬의 〈대왕암〉을 불러 금상을 수상하면서 죽어서도 바다를 지키겠다는 문무대왕의 호국정신을 노래하기도 했다.

'모래성을 뭉개듯 남북 삼천리 황금투구 북소리 울리던 그날 그 큰 뜻에 하늘은 다시 맑았고/ 한 나라의 성업은 이룩됐어라/ 붙으로 적을 막아 베이던 기개/ 죽는다고 내 나라를 모른다 하랴/ 마음 속에 또 하나 바다를 지켜 죽어서도 그 몸이 용이 됐어라/…뜨고 지는 태양을 지켜보시라…'

시인 박목월이 노래한 '모란여정'(牧丹餘情)은 간결한 시어로 경주를 노래한 시의 백미로 꼽힌다. 목월의 고향이 경주다.

모란꽃 이우는 하얀 해으름 / 강을 건너는 청모시 옷고름
선도산(仙桃山) / 水晶그늘 / 어려 보랏빛
모란꽃 해으름 청모시 옷고름

시 속의 선도산은 경주 오악 중 서악(西岳)으로 태종무열왕릉은 물론 수많은 불교유적들을 품고 있는 '서방정토'로 인식되면서 신성시되던 곳이다.

천년을 살아 숨 쉬는 경주는 저마다의 기억 속에서 노래할 수 있는 마음의 고향이다.

| 경주 여행 Tip 2

경주에도 있다 '밀면'

'밀면'은 6.25 전쟁이 만들어낸 음식 중의 하나로 꼽힌다. 이북에서 피난 온 실향민들이 고향에서 먹던 냉면을 만들어 먹고 팔던 솜씨로 당시 구하기 힘든 '메밀' 대신 원조물자인 밀가루를 이용해서 만든 냉면이 부산에서 탄생한 밀면이었다. 밀면은 애초에는 면의 재료가 차이가 난다는 것뿐이었지만 점차 장르를 달리할 수 있을 정도로 독자적인 문화를 만들어냈다.

경주 밀면이 언제부터 시작된 것인지 정확히 알 수는 없다. 그러나 '경주밀면'의 원조 격인 고향밀면 식당이 '100년 가게'로 선정되고 1972년부터 시작된 50년이상의 내력을 자랑하는 '밀면식당', 현대적으로 해석한 '불국사 밀면', '현대 밀면', '경주 밀면' 등 수많은 밀면 식당이 성업중인 것을 보면 '부산 밀면'에 버금가는 밀면 성지인 것만은 틀림없는 사실이다. 식당마다 육수 내는 법이 다르고, 밀면 뽑는 방식도 다르다.

사실 국수는 스님을 미소 짓게 하는 음식이라는 의미로 '승소'(僧笑)로 불릴 정도로 불교문화와 밀접한 연관이 있다. 고려시대에 '조면사'(造麵寺)라는 별칭이 붙은 사찰에서 국수를 만들어 파는 제면업을 시작한 기록이 있는가 하면 일본에 국수를 전래한 것도 쇼이치 국사가 중국에서 제분기를 들여와서 사찰국수문화가 시작되었다고 한다. 특히 일본에서도 소바는 애초에 사찰음식으로 알려질 정도였다.

부산에서 탄생한 '밀면'을 칼국수와 더불어 경주를 대표하는 국수의 한 축으로 만든 것은 불교문화를 정점에 꽃피우기도 한 신라문화의 영향도 컸을 것이다.

어쨌든 '경주에서 무엇을 먹지?' 고민하기 전에 '같은 듯 색다른' 경주 밀면의 세계로 한 번 빠져보는 것도 나쁘진 않겠다. 국수라면 사족을 못 쓰는 '국수마니아'라면 밀면의 맛도 오묘하다는 것을 단번에 알아차릴 수 있겠지만 그렇지 않다면 큰 기대는 하지 않는 것이 좋다.

경주 밀면의 또 다른 특징은 밀면을 주문하면 대부분의 밀면 식당에서 방금 구운 석쇠불고기를 곁들여 내놓는다는 점이다. 세트 메뉴로 주는 불고기지만 맛이 떨어진다고 생각하면 오산이다. 물론 불고기 없이 밀면 만 먹을 수도 있다.

밀면 본가로 알려진 식당마다 방문해서 밀면을 먹어보고, 미묘한 맛의 차이를 느낄 수 있다면 '밀면 마니아'로 인정받을 수도 있겠다.

경주의 밀면 노포 중에서는 밀면 간판을 단 '수라 밀면' 식당은 이젠 밀면 노포가 아니라 '짬뽕맛집'이라는 것을 메모해두시라. 원래는 밀면과 짬뽕을 같이 한 식당이었으나 언제부터인지 '해물' 짬뽕 전문식당으로 변신한 지 수 년이 지났다.

대릉원의 봄

경주에 봄이 왔다.
대릉원 '포토존'으로 유명해진 목련나무가
활짝 꽃망울을 터뜨렸다.

봄꽃도 피는 순서가 있다. 불같은 성격이어서 꽃망울부터 먼저 터뜨리거나, 새로운 움을 틔우기도 전에 꽃부터 피우는 것은 예의가 아닌 법이다. 꽃이 피는 개화(開花) 시기와 속도를 거스르지 않는 것이 자연의 섭리지만 봄꽃은 그런 자연의 법칙에서도 예외가 있을 수 있다는 것을 깨닫게 해준다.

깊고 깊은 한 겨울에 슬며시 봄이 멀지 않았다는 것을 알려주는 봄의 전령사는 아마도 '붉디붉은' 동백 일 것이다. 제주도에서 피기 시작한 동백이 남도에 상륙할 때쯤이면 산수유가 바톤을 이어받는다.

봄꽃치고 새순을 내밀고 잎을 틔우는 순서를 다 지키면서 피는 꽃은 없다. 살구꽃도 사과꽃도 꽃부터 피우는 방식이 봄에는 허용되지 않던가. 진짜 봄은 화사하고 소담스러운 자태를 뽐내는 순백의 '목련'이다.

매화 중에서도 곱디고운 자태로 한껏 치장한 '홍(紅)매화'는 봄비 촉촉이 내리는 날, 마치 기다렸다는 듯이 꽃망울을 터뜨리는 습성이 있다. 꽃샘추위 닥친 봄의 문턱 어느 날 봄비 촉촉이 내리던 그 날 '불국정토'의 도량, 불국사 입구에서 꽃망울 터뜨린 매화나무를 만났다.

바야흐로 개나리와 진달래가 온 산 흐드러지게 피기 시작했다. 봄의 절정, 클라이막스는 누가 뭐라고 해도 벚꽃이다.

대릉원의 봄

대릉원에도 일찌감치 봄이 왔다. 대릉원내 가장 커다란 고분인 황남대총 뒤편에 다소곳하게 자리 잡은 목련이 피었다. 미세먼지

　가시지 않은 변덕스런 봄날에 대릉원 '포토존'으로 유명해진 목련나무가 활짝 꽃망울을 터뜨린 것이다. 겨울에도 겨울대로 고고한 자태를 뽐내던 목련은 꽃을 피운 후에는 경주여행 '인증샷'을 찍으려는 여행객들로 이른 아침부터 긴 줄을 이뤘다.

　경주여행의 백미는 불국사도 첨성대도 동궁과 월지 혹은 폐허의 황룡사와 월성도 아닌 대릉원이다. 천년고도 신라는 말 그대로 세계 최고의 '고분도시'다. 죽은 왕의 유적이 동시대의 삶과 공존하는 도시가 경주다. 왕릉의 고분들은 세월의 흔적과 더불어 서서히 봉분이 깎이고 때로는 무덤이라는 흔적도 사라지기도 했지만 여전히 경주는 수백여기의 고분이 남아있는 천년왕국의 수도였다. 그래서 경주여행의 백미 중의 백미는 신라초기의 고분군인 대릉원이라는 것이다.

대릉원은 그래서 신라의 봄을 상징하기도 한다.

초대 왕 박혁거세 거서간부터 남해 차차웅, 유리, 탈해, 파사 이사금 등 이사금시대를 '신화의 시간'이라고 규정한다면 17대인 내물왕부터 시작되는 '마립간'(麻立干)시대는 그전 시대와 확연하게 구분되는 신라왕권이 강화된 시기이자 '김씨 왕조'가 본격적으로 전개되기 시작했다고 할 수 있다. 거서간과 차차웅 그리고 이사금이라는 왕의 칭호와 달리 마립간은 으뜸 중의 으뜸이라는 의미를 지녔다.

'마립'은 마루(으뜸)라는 뜻으로 마립간은 으뜸이 되는 우두머리(干)라는 것이다. 마립간 시대가 그 전과 다른 것은 신라가 국가로서의 체계를 본격적으로 갖추기 시작한 시기와도 일치하기 때문이다.

박혁거세와 석탈해왕 등 신라초기에는 박씨와 석씨가 번갈아가면서 왕권을 차지했다. 박씨(朴氏)와 석씨(昔氏) 두 세력 모두 6부촌을 대표하거나 토착세력이 아닌 외부에서 유입된 집단이었다. 여기에 '계림' 신화의 김알지를 시조로 하는 경주 김씨 집단이 가세했다. 김씨로서 신라왕이 처음 등장한 것은 미추 이사금이다.

그는 석씨 왕인 첨해 이사금(12대)의 사위로서 왕위를 이어받았다. 김씨 세력이 왕권을 잡은 것이 아니었기 때문에 미추왕 다음에는 다시 석씨인 유례가 왕권을 이어받았다. 남해 차차웅의 사위인 탈해가 유리 이사금에 이어 왕권을 차지했다가 다시 박씨로 왕권을 넘겨준 것과 마찬가지다.

대릉원 고분군은 '미추왕릉'을 조성하면서부터

대릉원의 고분군은 '미추왕릉'을 조성하면서부터 시작되었을 것으로 보인다. 미추왕릉과 천마총 그리고 황남대총 등의 거대한 고분군에 담장이 둘러쳐지고 '대릉원'이라는 이름이 붙은 것은 미추왕을 장사지내면서 〈삼국사기〉에 '대릉(大陵)에 장사를 지냈다'는 기록에 따른 것이다. 미추왕릉은 대릉원내 고분 중에서 유일하게 담장으로 이중 보호되고 있어 신라시대에도 유달리 신성시되는 왕릉이었던 모양이다.

후대의 김씨 왕조 입장에서는 최초의 김씨 왕이었다는 점에서도 그렇지만 왕으로서도 박씨와 석씨 왕들과는 달리 백성들의 존경을

우리들의 경주

듬뿍 받은 모양이다. 순행(巡行)을 통해 고령자와 가난한 백성들을 구제하는 등 백성들의 아픔을 달랬고 농사에 방해되는 것들을 없애고 대사면을 하고 궁궐을 고치자고 해도 쓸데없는 짓 하지 말라며 못하게 했다. 그래서 백성들에게 박씨와 석씨 왕들과는 다른 면모가 각인되었을 지도 모르겠다.

그는 죽어서도 음병(陰兵)을 보내 나라를 지키고 김유신 장군의 후손들의 원혼을 달래주기도 하는 등 호국의 상징으로 자리 잡았다. 미추왕의 무덤을 선대 왕릉보다 더 크게 조성한 것은 미추왕의 후손들이다. 미추왕에 이어 김씨로서 왕권을 두 번째로 이어받아 김씨 왕조를 확립한 것은 내물 마립간(17대)이다.

미추왕 사후 72년 만에 마침내 김씨 왕조가 본격적으로 전개되기 시작했고 통일신라 말기까지 경주 김씨가 '성골'과 '진골'로 왕권을 독점하게 된 것이다. 마립간의 시대가 시작되자 왕들은 거서간과 이사금보다 더 강한 왕권을 과시하려는 뜻에서 의식적으로 초기 왕릉보다 더 큰 봉분을 조성한 것이다.

박혁거세를 비롯한 초기 4명의 왕과 왕비를 모신 오릉, 뿔뿔이 흩어져있는 지마왕릉 등 이사금 시대의 왕릉에 비해 대릉원 조성 이후의 왕릉이 더 커진 것은 그 때문이라고 보는 것이 타당하다. 박씨와 석씨 왕조때보다 더 강화된 김씨 왕권을 과시하려는 의도도 엿보인다. 이제 박씨와 석씨, 김씨 세력간 더 이상의 왕권 경쟁도 사라졌다.

봄의 절정

대릉원에 들어가면 곧바로 만나는 왕릉이 미추왕릉이다. 미추왕릉의 담장에도 개나리와 진달래가 곱게 피었다. 천년의 시간 동안 꽃이 피고지는 자연의 섭리가 무한 반복되고 있을 테지만 천년의 역사를 봄꽃으로 맞이하는 것은 우리 몫이다. 바야흐로 왕의 무덤인 '대릉원'으로 부터 신라의 봄이 시작된 것이다.

대릉원에서도 가장 큰 고분인 황남대총과 천마총의 주인이 누구인지는 여전히 미스터리로 남아있다. 두 고분 모두 발굴하면서 금관과 수많은 부장품이 출토되면서 왕의 무덤이라고 추정할 수 있지만 누구의 무덤인지 특정할 수 있는 부장품은 확인되지 않았기 때문이다.

그러나 오릉이 신라 초기 '박씨' 왕들의 고분인 것처럼 대릉원이 김씨 왕들의 무덤이라는 것은 틀림없다. '대릉'은 말 그대로 왕들의 우두머리인 '마립간'들의 무덤이라는 셈이다. 그래서 황남대총과 천마총. 황남대총이 함께 있는 대릉원은 경주 시내 산재한 다른 고분들과는 격이 다른 느낌을 준다. 대릉원과 4차선 도로를 마주하고 붙어있는 '노서 · 노동리' 고분군 역시 대릉원과 궤를 같이 한다.

대릉원에서 가장 큰 고분이 황남대총이다. 이 고분은 특이하게도 표주박모양이다. 북쪽보다 남쪽 봉분이 더 크다. 남북으로 120m 동서로 80m에 이른다. 그래서 봉분이 높은 남분은 왕이, 북분에는 왕비가 묻혔을 것으로 추정됐고 실제 남분에선 남성의 부장품이, 북분에서는 여성의 부장품이 대거 발굴됐고 금관도 출토됐다.

이 대릉원에서 내부를 관람할 수 있는 유일한 고분이 '천마총'이다. 천마총은 말다래에 그려진 천마도가 있어서 붙여진 이름이다. 하늘을 비상하며 나아가는 듯 힘찬 말의 모습이 그려져 있다. 말의 입에서는 불같은 입김이 뿜어져 나오고 갈기에는 날개가, 머리에는 뿔이 있다.

노서·노동리 고분군은 금관이 처음 출토된 금관총과 봉황대, 서봉황총 등이 있는데다 대릉원 같은 담장이 없어 언제나 고분사이로 산책할 수 있다는 점 때문에 경주시민들의 사랑을 듬뿍 받고 있다.

예로부터 "왕의 무덤을 참배하면 상서로운 '서기'(瑞氣)를 받을 수 있다"고 했다. 신들의 놀이터이기도 한 왕릉 사이를 천천히 거

널다보면 신라 천년의 역사가 생각나기도 하고 그 역사를 통해 신이 아닌 한 인간으로서의 왕들의 고뇌와 지난한 백성들의 삶과 고통도 기억하게 된다.

그래도 우리가 대릉원을 찾는 가장 큰 이유는 천년역사를 기억해주는 듯한 황남대총 사이의 '목련나무' 포토존이다. 대릉원은 한 시대, 아니 천년 동안의 흥망성쇠를 기억하는 아이콘이다. 그 목련 꽃잎이 봄비를 맞아 뚝뚝 떨어졌다. 신라의 봄도 그렇게 절정을 향해 달려갈 것이다.

'황리단길'이 대릉원 담장에 기댄채, MZ세대의 사랑을 받고 있는 것은 어쩌면 신라의 봄을 연 왕들의 무덤이 그곳이기 때문은 아닐까 싶은 생각도 든다.

경주의 가을

경주에 가을이 왔다.

가을에도 격조가 있다. 경주의 가을은 '천년의 가을'이다. 설악산이나 백양사단풍이 아무리 아름다워도 천년의 세월이 만들어내는 애절함과 쓸쓸함을 담아내지는 못한다. 한 두 해만에 빚어내는 가을이 아니라 세월이 켜켜이 쌓이고 묵은 오래된 가을의 전설이다.

벚꽃 휘날리는 경주의 봄에 생동감 넘치게 탄성을 질렀다면 도시 분위기마저 가을색으로 바뀐 '경주의 가을'에는 입을 다물지 못한다. 우리들의 경주는 언제 가더라도 천변만화(千變萬化)의 모습으로 반겨준다. 경주는 가을이 가장 아름답다. 단풍으로 물든 불국사는 마치 현세에 구현된 부처의 땅, '불국토'(佛國土)를 떠올리게 한다.

고분의 도시라는 것을 새삼 각인시키는 대릉원과 노서·노동리의 고분군은 어느 새 갈색으로 갈아입었다. '고분'은 우리에게 죽은 왕의 공간이 아니라 천년을 넘어 삶이 이어지면서 영속할 수 있다는 것을 증명(?)하는 생명의 공간으로 자리 잡았다.

황남대총과 천마총이 반겨주는 대릉원도 가을색이 한창이다. 인생샷 핫스팟에 자리 잡은 목련도 가을을 탄다. 바람이 불면 휘날리던 봄꽃만 아름다운 것이 아니라 봉분사이로 뚝뚝 낙엽이 떨어지는 풍경은 가을 경주의 선물이다. 달이 차 보름달이 달빛을 휘몰아치는 그런 가을밤은 아니지만 경주의 가을밤에서는 아주 고도(古都)의 냄새가 물씬 묻어나서 더 좋다.

천년의 가을 경주

그래서 가을엔 경주에 가야 한다. 단풍색이 고운 경주가 아니라 천년의 가을을 만나러 경주에 가야 한다.

천년제국이 하루아침에(?) 몰락한 이후 천이백여 년이 흘렀다. 해마다 가을이 찾아오지만 경주의 가을은 어디에서도 느낄 수 없는 비장한 아름다움이 따라와서 좋다. 가을바람에는 천년의 '희노애락'이 묻어나고 왕들의 역사가 숨어있고 그 시대를 살아낸 백성들의 낮은 목소리가 담겨져있다. 그 해 그 가을끝자락에서 신라가 역사에서 사라졌더라도 그 시대를 살아가던 백성들의 가을은 어김없이 돌아왔을 것이다.

　황룡사 빈터에 제멋대로 피어난 코스모스도 이젠 다 졌다. 천년 동안 버려진 빈터에 야생화가 자라지 못할 이유가 있는가

　신라의 백성은 고려의 백성이 되었더라도 경주의 가을은 변함없이 그들의 일상으로 스며들었을 것이다. 채 느끼기도 전에 초겨울로 넘어갈 정도로 짧은 가을이다. 천년의 숨결도 애잔한 아름다움으로 가볍게 담아내는 것이 가을경주다. 천년이 지났다고 천년의 슬픔이 사라지는 법은 없다.

　경주의 가을은 그래서 온전히 경주의 역사 속으로 스며드는 여행이 될 것이다. 그래서 가을 경주는 폐허에서 맞닥뜨린 여행이다. 가을은 이제 시작됐다. 신라 최대의 왕사(王寺) 황룡사가 있던 자

리는 텅빈 폐허다. 그 빈 땅에 제멋대로 피어있던 코스모스와 야생화는 어느 새 다 졌고 그사이 자라다 만 풀들이 듬성듬성하다. 땅이 비어있으니 풀이며 꽃들이 제멋대로 피어날 수 있었으리라. 버려진 폐허에 무엇인들 자라지 못하겠는가. 거대한 목탑과 금당도 거센 불길 앞에선 어쩔 수 없었다.

경주에는 신라의 궁궐이 없다. 경복궁과 덕수궁, 창덕궁이 온전하게 남아있는 서울과 달리 천년제국의 영화를 과시할 궁궐은 불타 버렸다. '그 역사 복원해서 무엇을 하려는가'라고 여기던 신라역사에 대한 우리 시대의 오해가 더 큰 탓일지도 모른다. 그러나 우리 몸속을 흐르는 애잔함의 바탕은 경주이자 신라라고 생각한다. 사라진 월성과 황룡사, 혹은 수많은 폐사지를 만날 때마다 아련하게 눈에 떠오르는 안타까운 풍경이 적지 않다

'포석정'에 가면 천년제국 최후의 풍경이 선하게 그려진다. 견훤의 후백제군이 경주를 향해 쳐들어오고 있는데도 왕과 비빈 그리고 신하들은 포석정에서 성대한 행사를 하고 있었다. 그것이 연회였든 구국을 기원하는 간절한 기도회였든 간에 그날 신라는 도륙당했고 제국의 위엄은 무너졌다.

927년 늦가을인 11월이었다. 삼국유사의 기록처럼 찬바람이 몰아치던 남산자락 포석정에서 풍전등화 처지의 왕이 한가하게 연회를 열었을 것 같지는 않다. 그러나 그날 견훤의 군사들은 경주를 점령해서 능욕했고 경애왕은 자진(自盡)을 당했다. 신라는 그날 망한

것이나 다름없다. 포석정은 그런 신라의 마지막날의 치욕을 목격한 비장한 슬픔을 담고 있다.

천년의 슬픔

불국정토의 유통기한은 천년이었던 모양이다. 이 땅에 부처의 세상을 구현하려는 신라인의 노력은 불국사와 석굴암을 창건하고 남산을 부처의 뜻을 전하는 도량으로 꾸몄다. 아마도 부처의 뜻은 윤회가 아니었을까. 해마다 가을이 찾아와 곱디고운 가을색으로 치장하고 지친 사람들에게 위안을 주는 것처럼 말이다.

불국사 단풍은 절정으로 치닫는 중이다. 청운교, 백운교를 배경으로 한 단풍은 붉게 물들고 있고 석가탑과 다보탑을 거느린 대웅전 주변을 수놓은 국화도 가을 향기를 내뿜고 있었다.

'핑크뮬리'와 묘하게 어우러진 첨성대는 '사진맛집'으로 유명세를 타고 있다. 핑크뮬리 한 켠에선 해바라기가 한창이다. 첨성대가 지켜본 것은 하늘과 우주만은 아닐 것이다.

첨성대의 해바라기는 고전영화 〈해바라기〉를 떠올리게 한다. '눈이 아름다운' 소피아 로렌이 주연한 〈해바라기(Sun flower)〉는 전쟁 속에 핀 사랑과 이별 그리고 엇갈린 운명을 표현했다. 남편의 전사 통보를 받아들이지 않고 직접 찾아 나선 소피아 로렌이 맞이한 것은 우크라이나의 광활한 '해바라기밭'이었다.

사람 키 높이로 자란 해바라기 밭은 전장에서 스러진 병사들의 무덤이었다. 첨성대 역시 신라의 마지막 날 견훤의 후백제군과 맞서 싸운 전장이자 신라군의 무덤이 아니었을까하는 생각이 들었다. 해바라기는 전장(戰場)위에 핀 비정한 꽃인 모양이다. '해바라기는 해를 보며 핀다.'

기세등등한 적의 말발굽 소리에 경주는 공포에 질렸을 것이다. 천년제국의 위신은 땅에 떨어졌다. 궁궐은 불타고 도성은 약탈의 대상이었다. 천년을 이어왔고 새 천년을 준비하던 제국은 그렇게 사라졌다. 천년동안이나 계절의 변화에 무심하던 가을이었다. 가을은 제국도 사라지는 계절이 될 수 있다는 것을 그제서야 깨닫게 했다. 경주의 가을이 애상(哀想)에 젖은 것은 그것 때문이다.

경주의 가을 맛집

경주는 단풍도 곱다. 불국사 단풍은 아예 전국 사찰 단풍 중에서 다섯 손가락에 꼽힐 정도다. 불국사에서 석굴암까지 가는 숲길에 단풍이 들면 장관이다. 11월 중순이면 절정에 들 것 같다.

첨성대 핑크뮬리와 해바라기는 마지막 숨을 몰아쉬면서 스러지기 직전이다. 주말에는 대릉원을 찾는 인파들이 몰려 교통혼잡도

가 절정이다. 첨성대와 월성, 계림을 두루 산책하다가 월정교까지 가면 시간가는 줄 모르고 인생샷에 몰입할 수 있을 것 같다.

불국사 가는 길의 '통일전' 앞길은 오래 전부터 은행나무길로 유명하다. 은행잎이 떨어지지 않은 지금 한창이다. 은행나무숲 명소로는 영천으로 가는 방향의 서면 '도리마을'이 새롭게 떠오르고 있다. 가로수로 만나는 은행나무와 달리 쭉쭉 뻗은 은행나무숲이 장관이지만 아직 제 색을 내지 못한 상태다.

차를 타고 가다가 멈추고 싶은 단풍길이 있다면 단연 보문호숫길이다. 특히 보문단지 경주월드나 황룡원 부근의 가로수들을 바라보다가 '앗 저기다' 하고 급브레이크를 밟게 되는 곳이 '보문정'이다.

은행나무가 빚어내는 가을빛 풍경으로는 강동면 운곡서원도 사진맛집이다.

무엇보다 제대로 된 가을풍경은 온갖 나무들이 산재한 경북산림환경연구원일 것이다. 3년여의 공사 끝에 '경북 천년숲 공원'이 1일부터 개방됨에 따라 경주 최고의 가을명소로 등극할 것으로 예상된다. 죽죽 뻗은 메타스퀘어 숲에 서면 누구나 모델이 될 정도로 아름답다.

시내 황성공원은 경주시민들의 산책로지만 가을에는 도토리를 먹는 다람쥐 보는 재미가 쏠쏠하다.

　대릉원과 시내 고분군등 군집을 이룬 왕의 무덤 대신 나홀로 자리 잡은 진평왕릉과 원성왕릉, 경덕왕릉, 선덕여왕릉, 진덕여왕릉 등을 찾아보는 것도 가을경주를 즐기는 색다른 방법이 될 수 있다. 담장을 치고 관리를 하면서 관람료를 받는 고분에 비해 버려두고 방치한 듯한 고분들이어선지 애잔한 느낌이 든다.

　신라왕들 중에서 가장 오랜 기간 통치한 진평왕의 능이 자리 잡은 보문들판을 가로지르면 황복사 삼층석탑이 홀로 서있는 풍경과 만난다. 경주시내에서 가장 너른 들판인 이곳 역시 천년의 영화와 치욕을 함께 치러낸 땅이다.

　경주의 가을은 이제 절정으로 치닫고 있다. 천년의 가을에 우리들의 가을 기억이 더 쌓이고 있다.

경주에도 바다가 있다

그곳에 바다가 있었다. 시내와 이렇게나 가까운 곳에 푸르디푸른 바다가 있다는 것이 놀라웠다. 불국사에서 20여분, 시내에선 35분 만에 감포에 닿았다. 부산바다처럼 번잡하지 않고 서해바다처럼 눅눅한 느낌 전혀 나지 않으면서 날것 그대로의 느낌이 물씬한 바다가 거기 있었다. 감포(甘浦)다.

감포에서 조금만 내려가면 울산이고 위쪽으로는 구룡포다. 그 울산바다에 조금 못 미치는 지점에 상서로운 기운이 솟아나오는 바다

가 있다. 문무대왕의 기운을 받으려는 무속인들의 발길이 끊이지 않는 바다도 그곳에 있다. 밤새 파도소리 철썩거리는 지상 최고의 '주상절리'가 매혹하는 '해파랑길', '파도소리길'도 경주에 있다.

우리가 기억하는 경주는 수많은 고분이 살아있는 고도(古都)이자 불국사와 첨성대 등 신라천년의 유적이 트레이드마크화된 도시다. 경주에서 바다를 떠올리는 기회는 '문무대왕암' 정도 밖에 없었다. 그러나 시내를 벗어나자마자 만나는 경주바다는 부산 바다와

우리들의 경주

달랐고 강릉 바다와도 달랐다.

동해바다이면서 경주바다가 다르게 느껴지는 것은 그곳엔 다른 바다가 담고 있지 않은 '천년의 역사'가 배어있기 때문이다. 동해 용왕이 돼 나라를 지킨 문무대왕의 기상이 묻어나는 바다이자 신라의 흔적이 물씬 풍기는 바다이기 때문일 지도 모른다. 그래서 경주바다는 '처용'의 바다이자 (석)'탈해'의 바다, 페르시아 왕자의 바다였고 해상왕이라 불린 '장보고'의 숨결까지 담고 있는 바다이기도 했다.

경주의 바다는 신라의 바다다. 삼국통일 후 경주는 동방 최대의 국제도시로 각광을 받았고 수많은 국제무역상들이 바다를 통해 경주에 왔다. 경주에 그런 바다가 있다는 것을 우리는 까맣게 잊고 있었다. 마치 천년신라를 잊고 있듯이…

감포항의 새벽

해가 뜨기에도 두 시간여가 남은 새벽 다섯 시에 못미치는 시각. 천년의 시간이 흘러도 바뀌지 않은 거친 어부의 일상은 항구에서 이어지고 있었다. 감포항은 이미 크고 작은 어선들로 발 디딜 틈이 없을 정도로 북새통이었다. 며칠간의 조업을 마치고 돌아와 '만선'(滿船)의 표식으로 부려놓은 가자미와 대구 생태상자들로 수협 어판장은 이미 가득찼다.

태풍이나 파도가 센, 궂은 날 외에는 비가 오나 눈이 오나 어김없이 새벽마다 열리는 어판장이다. 경매시작을 알리는 사이렌소리와 더불어 경매사는 요령을 흔들었다. 경매사는 중매인 한 사람 한 사람 손가락을 확인하고는 낙찰자를 결정했다. 순식간에 경매는 끝났고 경매사는 요령을 흔들어대면서 곧바로 다음 상자로 발길을 돌렸다. 감포항의 새벽은 그렇게 열렸다.

홍역을 치르듯 한바탕 경매가 끝난 어판장은 경매가 끝난 상자들을 실어가려는 트럭들로 다시 부산해졌다. 여전히 아침 해는 뜨지 않았고 감포항은 다시 적막해졌다.

감포는 '가자미세상'이라고 해도 과언이 아니었다. 경매에 오른 생선상자의 절반 이상이 가자미다. 물오른 대구와 생태 그리고 울릉도근처에서만 잡히는 홍문어 등도 간혹 보이지만 어판장에 부려놓은 나무상자를 가득 채운 건 가지미였다. 여느 항구 어판장에서도 볼 수 없는 가자미 천국이었다.

경주를 비롯한 동해안의 포구에서는 흔하디흔한 생선이 가자미지만 요즘 가자미 시세는 꽤 올랐다. 그렇다고 이제야 대접받는 것은 아니겠지만 고래가 살던 경주바다를 지키면서 독차지한 가자미들의 세상이 도래한 것인가 하는 생각이 들 정도로 가자미는 지천이다.

포구를 돌아나오자 오래된 항구의 좁은 골목길을 지키고 있는

적산가옥들이 포구의 역사를 대신하는 듯 했다. 감포항은 일제 식민지시대인 1920년대 제물포항과 인근 구룡포항, 울진 죽변항과 함께 개항한 동해남부의 중심어항이었다. 감포항은 2025년 개항 100주년을 맞이한다. 개항 100년의 역사를 증명하는 건 아직도 포구 골목을 지키는 적산가옥들이다.

경주는 가자미도시다.

가을 들어 살이 통통하게 오른 가자미가 제철을 맞았다. 해안가 덕장에선 해풍에 꾸덕꾸덕 말리는 생선들이 눈에 들어온다. 모두 가자미다. 꽁치와 청어를 대량으로 말리는 구룡포의 '과메기'덕장과는 전혀 다른 풍경이다. 영덕이나 울진에 들어서면 거대한 대게 조형물이 반겨준다.

우리들의 경주 167

감포에선 2022년 10월 처음으로 '가자미축제'가 열리기는 했지만 인위적인 가자미 조형물 대신 가자미덕장이 경주가 가자미의 본고장이라는 사실을 각인시킨다. 사시사철 불어오는 해풍과 아침 햇살에 말려 꾸덕꾸덕해진 가자미는 구워먹어도 좋고 튀겨먹어도 좋고 조림으로 먹어도 맛있다.

그래서 감포 어느 식당에 가더라도 제철을 맞은 가자미의 맛을 제대로 볼 수 있다. 넙치과에 속하지만 광어나 도다리처럼 제대로 대접을 못하는 신세이긴 해도 가지미는 회로 먹어도 맛있다. 서울에서는 생소한 '미주구리회'가 바로 가자미회다. 미주구리는 경주뿐 아니라 7번 국도를 따라 이어지는 영덕과 울진 그리고 강원도에서도 친숙하다. 감포 앞바다에서 주로 잡히는 가자미는 물가자미(미주구리)가 아니라 참가자미다. 경주 바다 밑 청정 모래밭에서 주로 서식하기 때문에 100% 자연산이다. 그래서 경주시는 참가자미를 시어(市魚)로 지정, 지역특산물로 육성하고 있다.

동해안에서 가장 많이, 흔하게 잡히다 보니 가자미는 예전부터 귀한 대접을 받는 생선이 아니었다. 대구와 굴비 등 귀한 생선은 물론이고 과메기도 임금에게 진상됐지만 가자미는 그런 진상품에 끼지도 못했다.

오히려 서민들이 즐겨찾는 대폿집에서 가장 인기있는 안주거리였고 서민들의 밥상에 매일 오르는 단골반찬거리였다. 회로 썰어서 '미주구리회'로 먹었고 물회나 물회국수의 주재료로 쓰이기도 한다. 횟감으로 썰어 양파와 깻잎, 풋고추 등과 함께 초고추장을 넣어 무치면 고소한 맛이 돋보이는 '무침회'로 각광을 받기도 했다. 물론 적당히 말린 가자미를 숯불에 굽는다면 비린내와 잡내가 전혀 나지 않는 최고의 생선구이가 된다.

경주사람들은 그런 가자미를 지독하게도 사랑했다. 신라왕들이 사랑했고 신라사람 누구나 가자미를 먹었다. 그때부터 경주에서 가자미조림이 유명했는지는 알 수 없지만 경주에선 다른 지방과 다른 방식의 가자미요리가 다양하다. 가자미요리의 완결판은 경주식 가자미식혜. 흔히 가자미식혜는 함경도 등 이북지방에서 주로 만들어 먹던 음식으로 알려져 있지만 경주에서도 오래 전부터 가자미식혜를 즐겨먹었다.

감포 공설시장에서 꾸덕하게 말린 가자미 한 광주리를 샀다. 해안가 덕장에서 일주일 정도 해풍을 맞으며 잘 건조시킨 가자미였다. 알이 밴 듯 탱탱하게 살이 오른 참가자미는 구워도 맛있고 조림을 하거나 찜을 해도 맛있고 자작하게 기름을 치고 튀겨먹어도 맛있다. 고등어나 꽁치 청어와 달리 어떻게 요리를 해도 비린 맛이 전혀 나지 않는 것이 경주가자미다. 한 끼에 두세 마리씩 요리해서 먹더라도 일주일은 충분히 먹을 양이었다.

포구의 맛

어판장이 파하면 뱃사람들은 이른 새벽 허기를 달래기 위해 포구에 자리 잡은 새벽식당으로 향한다. 연탄화덕 위에서 졸고 있던 냄비에선 막대 어묵들이 반겨주고 어묵 익어가는 냄새가 시장기를 더해준다. 그렇다고 어묵만 먹고 새벽을 달래기는 역부족이다. 실비식당 주인장은 어묵보다는 새벽 대포 한 잔이 더 달콤한 보약이라며 막걸리를 권했다. 못이기는 척 대포 한 잔을 받아들었다. 감포항의 새벽을 깨운 어부들이 가장 행복한 시간이 아닐까

감포항이 동해안 남부지방에서 제일 잘나가던 시절, 어판장 주변에는 새벽식당이 꽤나 많았을 것이다. 지금은 포구실비와 현대식당 등 두어 곳 외의 새벽식당은 없다. 아직 추위가 닥치지 않은 새벽한기는 '롱패딩' 정도로 견딜 수 있지만 새벽허기는 참을 수 없었다. 압력솥에 올려놓은 밥 짓는 냄새가 시장기를 더 했다. 콩잎과 깻잎 장아찌가 밑반찬으로 올라온 지 10여분. 도루묵찌개와 가자미튀김이 상에 올라왔다.

평생 감포항을 지켜 온 백전노장 어부들이 출근하듯 자리를 비집고 들어와서는 대폿잔을 들이킨다. 포구의 새벽은 가자미를 구워내고 도루묵찌개를 끓여내는 냄새로 농익어갔다. 천년을 이어 경주 바다를 지켜 온 가자미를 통해 우리는 신라천년의 애환도 그러하지 않을까 하는 생각이 들었다. 어느 새 중천까지 떠오른 햇살에 다시 출항을 준비하는 어부들로 감포항이 다시 북적거리기 시작한다.

경주 여행 Tip 3
경주 바다 한상

우리는 늘 경주를 오해로 가득한 시선으로 바라본다. 경주에 바다가 있다는 사실을 잊고서는 '경주바다'를 이야기하면 '경주에 바다가 있어?' 하고 되묻곤 한다.

경주에도 바다가 있다. 경주바다는 천년의 세월을 머금은 '역사의 바다'이자 '가자미의 바다'다. 경주바다는 수많은 어항을 끼고

 있다. 그 중에서도 감포항은 1920년 구룡포항과 죽변항과 함께 개항, 개항한지 100년이 지난 유서 깊은 어항이다.
　지금도 풍랑주의보가 내리지 않는 날이면 새벽마다 열리는 감포 수협 어판장 경매장의 사이렌은 감포항의 새벽을 여는 시그널이다. 감포항이 특별한 것은 어판장에 나온 생선의 대부분이 가자미

라는 것이다. 가자미는 가을에 살이 통통하게 올라 가장 맛있다. 그래서 가을 감포항에서는 가자미축제도 열린다.

감포항에 가기 전에 만나는 '나정고운모래해변'에는 대규모 해양레저관광단지가 2027년까지 조성될 예정이어서 '경주바다'를 찾는 관광객들에게 다양한 해양레저 체험기회를 제공할 것으로 기대된다. 해양레저거점인 〈신라오션킹덤〉조성은 ▷나정수상레저체험장 ▷용오름길 ▷고래섬해수풀장 ▷문무대왕 해양조각공원 ▷만파식적공원 ▷해양레저지원센터 등 7개 시설을 조성하는 대규모 사업이다.

그곳 '감포바다' 어귀에 〈신라의 달밤〉이라는 이름의 포장마차(포차)거리가 생겼다. 간단하고 허름한 안주거리로 소주와 막걸리 한 잔할 수 있는 곳이 포차의 정석이라면 그 같은 컨셉에 딱 맞다. 다만 〈신라의 달밤〉은 경주 바다를 끼고 있다는 점에서 보다 특별한 포차다. 포차 바로 옆에는 바다모래 고운, 나정고운 모래해변이 있다는 점도 플러스점수를 줄 수 있다.

바다 풍광을 제대로 즐겼다면 이젠 입이 즐거울 시간이다.
〈신라의 달밤〉포차촌에는 10여개의 포차가 자리잡고 있는데 맨 안쪽에 자리잡은 '다보탑'은 다른 포차와 조금 다르다. 포차 메뉴인 전이나 간단한 안주거리 대신 신선한 횟감으로 승부를 건다. 입간판으로도 '산오징어 맛집'을 내걸었다. 이 포차의 가장 인기 있는 메뉴가 '자연산' 모듬회 세트 라는 것만은 알려주고 싶다. 제철 회가 산해진미처럼 순서대로 쏟아져 나와서 깜짝 놀라게 된다.

이쯤되면 아마도 포차를 운영하는 사장의 전력이 궁금할 수도 있겠다. 유명 호텔 셰프 출신이라는 소문이다. 기대하지 않고 가더라도 기대 이상의 바다를 만날 수 있는 곳이 바로 이 곳 경주바다의 매력이다. 이 포차촌내 다른 포차에서 신선한 횟감 찾기는 쉽지 않다.

경주바다, 주상절리의 바다

　바다를 접해 보지 못한 채 내륙지방에서 어린 시절을 보낸 사람들에게 바다는 새로운 세계로 통하는 입구이자 궁금하면서도 낯설고 두려운 세상이기도 했다. 바다는 고대인(古代人)들에게도 쉽게 접하기 어려운 다른 세상과 연결되는 통로로 여겨졌을 것이다.

　신라에 바다가 있다는 것을 알아도 경주에 바다가 있다는 것을 우리는 잘 모른다. 경주 바다는 포항의 구룡포 끝자락과 이어져있

는 감포읍 연동리에서 양남면 관성해수욕장(울산시 북구 경계)에 이르기까지 44.5km의 해파랑길이다. 110리가 넘는 짧지 않은 해안선을 끼고 있다. 그 바다는 동해안 해안선을 잇는 '해파랑길'이면서 동시에 철썩거리는 파도소리 들리는 '파도소리길'이다.

그 바닷길은 동해용왕이 된 문무대왕의 문무대왕릉을 품고 있고 우리나라 2번째 원자력발전소인 월성원전을 끼고 있는데다 제주도에서나 볼 수 있는 아름다운 '주상절리'의 절경도 펼쳐진다. 수천 년 동안 어부들의 삶을 이어온 감포항을 비롯, 하서항, 읍천항 등 크고 작은 어항들이 줄지은 바다이기도 하다. 경주바다가 동해의 다른 바다와 다르게 느껴진 것은 그 때문이었다.

게다가 고대신라에 속하는 '탈해이사금'이 건너온 바다가 바로 이곳이다.

주상절리의 바다

바람은 매서웠다. 평소 경주는 다른 지방보다 따뜻했지만 시베리아 북풍이 덮친 탓에 겨울바람이 유난히 매섭게 느껴지는 날이었다. '파도소리길'은 평소와 달리 인적이 뚝 끊겼다. 그래서 호젓하게 걷기에 더 좋았다. '파도소리길'은 읍천항에서 시작된다. 아무 생각도 하지 않고 걷기에 좋은 길이었다. 걷다보니 전망대가 나왔다. '주상절리'를 조망할 수 있는 전망대였다.

제주도 서귀포 앞바다에서 본 주상절리가 이곳에선 바다에 누워있거나 비스듬히 기대어 있는 형국이었다. 탄성을 내지를 수밖에 없는 특별한 광경이 아닐 수 없었다. 제주도의 그것보다 더 다양한 아름다운 '주상절리군'이 그동안 왜 우리는 알지 못했는지 궁금했다.

무료로 개방되는 전망대에 오르니 그야말로 장관이었다. 발아래 펼쳐지는 주상절리는 세상 어디에도 없는 자연이 준 선물이었다. 압권은 파도가 철썩거리며 부딪치는 포말이 이는 '부채꼴 주상절리'다.

경주 양남 주상절리군이 세상에 알려지게 된 것은 북한의 해안 침투를 방어하겠다며 해안선에 세워진 군 초소를 2009년 대거철수하면서 해안출입을 가로막고 있던 철조망이 걷히면서다. 그 이전까지는 주민들은 물론, 문화재당국도 주상절리라는 최고의 보물의

진가를 제대로 알지 못했다는 것이 미스터리다.

2012년 9월 정부는 양남면 읍천항에서 하서항 사이 1.7km구간 해안에 형성된 주상절리군을 천연기념물 제536호로 지정했다.

'바람과 빛과 파도가 엉킨 억겁(億劫)의 시간'이 만들어낸 자연의 조화가 주상절리다. 제주바다에서 봤던 신전의 기둥과도 같은 주상절리가 여기서는 바다에 누워있거나 수직으로 서있거나 '부채꼴' 모양의 아름다운 꽃모양으로 누워있는 등 다양한 주상절리를 만날 수 있다.

전망대에서 주상절리를 내려다보고 있노라면 검은 칠흑같이 단단한 바위는 다보탑과 첨성대, 황룡사9층 목탑을 빚어낸 백제출신 아비지 등 석공들이 다듬은 또 다른 작품이 아닌가 하는 상상도 일었다. 잉카유적처럼 인간이 풀 수 없는 10대 불가사의의 하나로 여김직도 했다.

읍천항을 출발해서 주상절리 전망대를 거쳐 하서항에 이르는 파도소리길 주변에는 따뜻한 커피와 빵을 파는 카페들이 옛 군 초소처럼 곳곳에 포진하고 있어 심심치 않다. 영하의 날씨 속에서도 찾아낸 해국(海菊)의 자태가 꿋꿋했다. 파도소리길은 아직 태풍 힌남노가 할퀴고 간 상처를 완전히 수리하지 못한 탓에 일부 구간이 막혀있었지만 걷는 데는 지장이 없다.

검은 벽돌을 수십 층 쌓아놓은 듯한 주상절리는 오늘도 거센 파도에 맞서 단련하는 중이었다. 자연이 만든 조화나 그 역사를 쌓아온 인간의 의지가 다르지 않다는 것을 우리는 경주바다를 통해 재삼 확인하게 된다.

하서항은 사랑해(海)로 연인들의 핫플레이스가 됐다. 하서항 방파제 끝에 설치된 사랑의 열쇠는 충신 박제상과 망부석이 된 치술부인의 사랑도 일깨운다.

하서항 사랑海

'파도소리길'은 하서항에 이르면 울산으로 이어지는 해파랑길이다. 작은 어항인 하서항 방파제에 도착하면 하트모양을 한 거대한 열쇠고리가 반갑게 맞이한다. 하서항의 옛 지명은 '율포진리항'으로 신라시대 왜국에 사신으로 가서 볼모로 잡혀있던 왕자를 구한 충신 박제상의 충정과 눈물이 묻어있는 곳이다.

그가 고구려에 사신으로 파견됐다가 집으로 돌아가지도 못한 채 왜국으로 떠난 곳이 바로 이 율포항이다. 박제상의 아내 치술부인은 날마다 남편이 돌아오기를 기다리며 망부석이 됐다는 '치술령'이 지척지간에 있다. 그렇다고 그런 옛이야기에 혹할 필요는 없다. 하서항은 연인들이 방파제 끝에 자리잡은 하트형 열쇠에 찾아와 영원한 사랑을 약속하는 핫플레이스, '사랑海'로 각인되고 있다.

박제상이 바다를 건너기 훨씬 전에도 이곳은 신라를 이끈 귀인이 도래한 곳이다. 경주의 북쪽바다인 감포보다 남쪽인 양남바다가 당시는 외래세력이 드나들던 도래(渡來)지였다.

탈해의 바다

〈삼국사기〉는 신라 제 4대왕인 탈해이사금이 "혁거세 재위 39년이 되던 해에 아진포구(阿珍浦口)에 이르렀다"고 기록했다. 아진포

구가 지금의 하서항 바로 인근 '나아 해변'이었다. 삼국사기는 '탈해왕'을 '다파라국(多婆那國) 출생으로 왜국(倭國)의 동북 1천 리쯤에 있는 곳에서 왔다'고 적었다.

〈삼국유사〉는 탈해왕의 출생지를 '용성국'(龍城國)이라고 기록하고 있지만 다파라국이나 용성국은 같은 나라다. 왜국에서 1천 리 동북쪽에 있는 나라 역시 왜국 아닌가? 그렇다면 신라왕실 계보에 일본계가 있는 것이라고 봐야하는 것이 아닐까? 삼국유사는 한술 더 떠 탈해왕이 알에서 태어났다는 '난생설화'(卵生說話)까지 덧붙이면서 신화만들기에 일조했다.

"함달파가 적녀국왕의 딸을 맞아 왕비로 삼았는데 오랫동안 아들이 없자 아들구하기를 빌어 7년 만에 알 한 개를 낳았다. 그러자 대왕이 군신을 모아 묻기를 '사람이 알을 낳은 일은 고금에 없으니 길상이 아닐 것이다'라며 궤짝을 만들어 나를 넣고 또한 칠보와 노비까지 배에 싣고 띄어 보내면서, '아무 곳이나 인연 있는 곳에 닿아 나라를 세우고 집안을 이루거라.'라고 축원했다."

역사학계가 위서라 낙인찍은 〈환단고기〉는 탈해가 온 '다파라국'을 고구려에서 일본으로 건너간 고주몽의 신하 협보가 구마모토에 세운 나라로 적시하고 있어 이채롭다. 그렇다면 탈해는 고구려계인 셈인가.

바닷바람은 거칠어지고 파도소리도 더 강해진다. 해안길 아래 바다는 더없이 깊고 깊은 푸르름으로 웅대한다. 파도소리길의 끝에 다다랐다. 고개를 들어 해안건너편에 고층빌딩들이 주상절리처럼 보인다. 신기루인가? 착각이 일 정도로 지척지간이 울산이다.

바다를 건너온 것은 탈해왕만은 아니었다. 수많은 '처용'도 이 바다를 건너 경주에 왔고, 삼국을 통일한 후 해상왕 장보고가 이 바다는 물론이고 동아시아 바다 전체를 장악했다. 신라 천년제국의 전성기였다.

문무대왕릉이 있는 봉길리 해변에서 읍천항으로 이어지는 나아 해변까지 해안도로가 있지만 해안을 점령한 '월성원자력발전소'로 인해서 통행할 수가 없어, 우회로를 만든 봉길터널을 통해 넘어가야 한다. 수년 전 문재인 정부에서 '탈원전 논란'을 불러일으키며 조기 폐쇄시킨 월성원전 1호기가 있는 그곳이다. 1호기는 가동 중단됐지만 나머지 4기의 원전은 가동되고 있다.

괜스레 방사능 누출 걱정은 하지 않아도 좋다. 나아해변에서는 날씨좋은 날 바다낚시를 하는 조사들의 모습도 종종 볼 수 있다. 월성원전입구에 있는 공원에는 '탈해왕 탄강(誕降)유허비각'이 있지만 눈썰미가 좋지 않으면 좀체 찾을 수 없어 아쉽다. 따뜻한 커피 한 잔 하면서 몸을 녹일 수 있는 해변 카페는 오늘따라 여유가 있다.

핫스팟 황리단길

"신라는 전성기에 서울이 17만 8,936호(戶)였고, 1,360방(坊), 55리(里), 35개의 금입택(金入宅)이 있었다....

제 49대 헌강대왕 시대에는 성 안에 초가집 한 채 없고 집의 처마와 담이 서로 닿아 있었으며, 노랫소리와 피리 부는 소리가 길에 가득하였고 밤낮으로 끊이지 않았다."(삼국유사 진한(辰韓)조)

경주는 신라가 삼국을 통일한 후 동아시아 대표도시로 성장을 거듭했다. 실크로드를 따라 신라에 온 서역상인들은 금빛 찬란하고 화려한 경주의 아름다움에 반해서 제 나라로 돌아가지 않고 눌러 앉았다.

"태후르 왕국의 수도 바실라는 폭과 넓이가 2파라상(12km)이었다. 바실라는 평범한 도시가 아니었다. 선녀로 가득찬 낙원과 같은 곳이었다. 깨끗한 물이 사방에서 흐르고 있었으며, 개천 가까이에는 향나무들이 있었다. 정원은 재스민으로 풍성하였고 향기로운 튤립과 히아신스로 가득했다.

모든 길과 장터는 잘 단장되어 있었다. 돌로 만들어진 성벽은 정교하게 쌓여있어 축대 사이로 아무 것도 지나갈 수 없었다. 도시의 냄새가 너무나 향기로워서 사람의 넋을 잃게 하였다. 모든 이들이 말을 타고 있었으며 아비틴에게 금을 선물했다. 모든 길과 거리는 반짝거렸으며 중국산 실크로 장식되어 있었다. 가인들은 지붕에서 노래를 불렀으며 풍악소리가 도시에 울려 퍼졌다...."

10세기에 서술된 페르시아의 서사시 〈쿠쉬나메〉는 7세기 후반 무렵의 신라의 모습을 생생하게 묘사하고 있다. 바실라가 경주다.

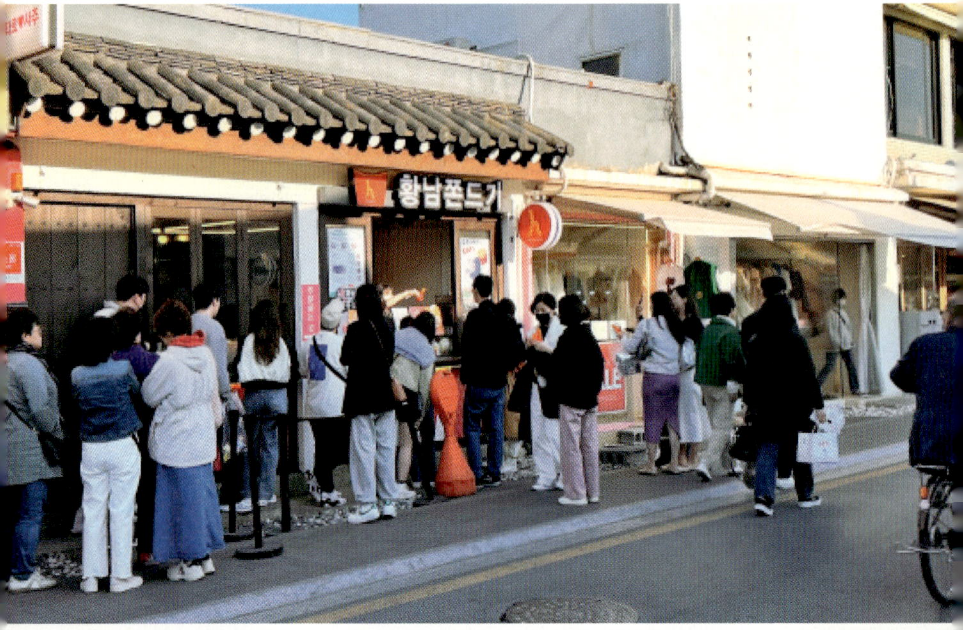
황남쫀드기

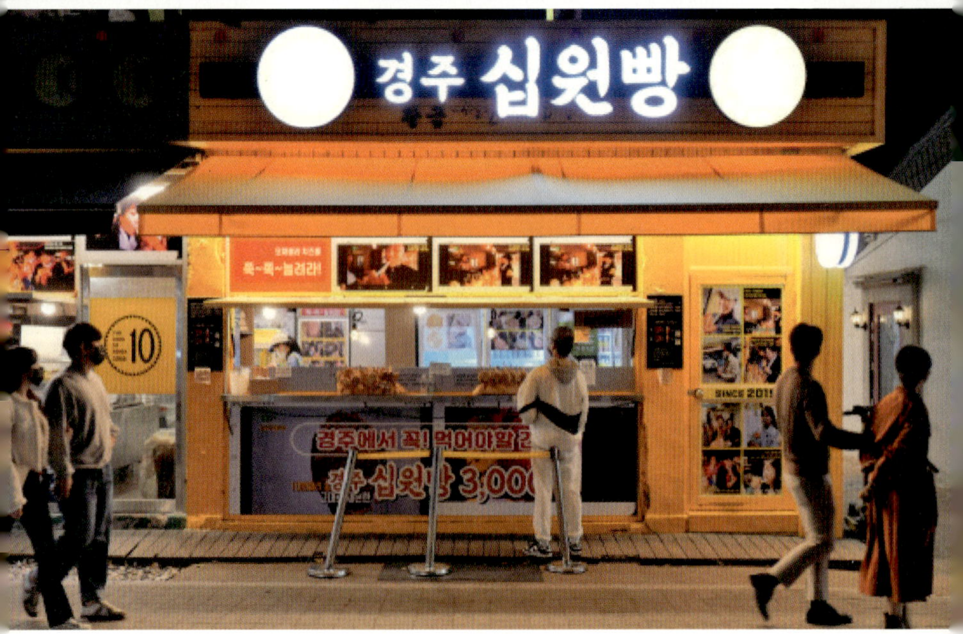
경주 십원빵
톡~톡~늘려라!
10
SINCE 2011
경주에서 꼭! 먹어야할 간
경주 십원빵 3,000

페르시아인에게 경주는 '동방의 이상향'으로 비칠 정도로 모든 것이 풍요로운 도시였다.

당(唐)의 수도 장안이나 송(宋)나라의 수도 카이펑(开封)처럼 번화가에는 밤마다 홍등(紅燈)이 켜지고 야시장이 열리는 신세계가 펼쳐졌을 것이다. 당대화가 장쩌똰(張擇端)의 〈청명상하도〉에 생생하게 묘사된 카이펑의 모습이 경주와 다를 바 없었다.

'寺寺星張(사사성장) 塔塔雁行(탑탑안행)' (절이 별처럼 흩어져 있고, 탑(塔)은 기러기가 줄지어 나는 듯하다) 〈삼국유사〉에 기록된 경주시가지의 풍경은 황룡사와 분황사를 비롯한 왕사(王寺)는 물론, 수많은 절들이 도심을 가득 채웠던 것으로 보인다. 화려한 '금입택'과 사찰로 왕궁 월성과 바로 이어진 경주 도심의 면모는 이방인의 눈에도 장안이나 카이펑, 로마에 버금가는 화려한 도시였을 것이다.

천년을 지속하던 신라의 영화(榮華)는 그러나 속절없이 무너져 내렸다. 시간을 이기는 천년왕국은 존재하지 않는다.

황리단길의 탄생

세계 최고의 고분도시 경주의 시그니처 '대릉원'을 끼고 경주가 부활하고 있다. '황리단길'이다.

　천마총과 미추왕릉, 황남대총의 거대한 고분들이 자리잡은 대릉원을 바라보는 고즈넉한 '고분뷰', '능뷰'. 그곳은 '문화재보호구역'으로 묶여서 수십 년 동안 개발은 커녕 집이 허물어져도 수리조차 제대로 하지 못하던 낡은 한옥들이 어깨를 맞대고 버티고 있던 오래된 골목이었다. 경주빵의 대표주자인 '황남빵'을 만들어 팔던 황남동이다.

　대릉원과 첨성대와 동궁과 월지 등이 지근거리에 있는 황남동에 특색 있는 카페와 서점, 음식점이 속속 들어서고 사람들이 몰려들면서 열광하기 시작한 것이다. 마치 이태원 '경리단길'같다며 어느 순간 황남동 경리단길에서 '황리단길'로 불리기 시작했다.

　경리단길을 모방한 거리는 전국에 걸쳐 우후죽순처럼 생겨났다.

짝퉁 경리단길은 무려 40여 곳에 이르지만 '황리단길'은 '원조' 경리단길의 쇠락에도 불구하고 경주의 '핫플'로 MZ세대의 사랑을 받고 있다.

아주 오래전부터 그곳에 자리하고 있던 쌀집과 떡집, 세탁소 등이 분위기 좋은 이탈리안 레스토랑과 일본식 덮밥·스시식당으로 탈바꿈했다. 이런 골목에 있을 법하지 않은 서점(어서어서)과 사진관이 경주를 찾는 새로운 발길을 사로잡았다. 그 거리에는 어느새 경주의 명물이 된 '경주빵'과 '십원빵' 불량식품의 대명사인 '쫀디기'도 들어섰다. 골목 안쪽에는 세상 어디에도 없는 경주만의 역사의 향기와 고즈넉함을 함께 갖춘 한옥펜션이 포진하기 시작했고 인스타에 이름을 알린 '맛집'들이 황리단길을 특색 짓는 음식지도를 만들어냈다.

경주에 가는 이유

우리가 경주에 가는 이유는 첨성대와 동궁·월지, 불국사 등 신라시대를 기억하는 유적 관광을 하려는 것은 아니다. 수학여행의 추억을 되살리기도 하고 경주만이 갖고 있는 도시의 분위기를 느끼고 만끽하기 위한 것이기도 하다. 그 중의 하나가 황리단길이기도 하다. 한나절 동안 황리단길 이곳저곳을 배회하다가 출출해지면 눈앞에 보이는 어느 카페나 식당에 가더라도 주저할 것이 없다.

경주 특색의 쌈밥집이든 콩국이든 혹은 일본풍 물씬 나는 스시 한 접시를 먹더라도 황리단길의 향기를 느끼는 것으로 족하다. 황리단길에서 오분만 걸으면 첨성대와 월성에 갈 수 있고 담장만 넘으면 대릉원이다. 맛깔스러운 수제생맥주를 골라 마실 수 있는 펍(pub)도 있다. 지갑이 가벼운 여행자를 위한 게스트하우스에서부터 일본에 가지 않아도 온천분위기를 느낄 수 있는 고급 '료칸'에 이르기까지 숙소도 다양하게 자리잡고 있다.

가문 하늘에서 봄비가 내리면서 봄의 경주를 상징하던 벚꽃은 흔적도 없이 다 졌다. 대릉원 핫스팟 목련나무도 하얀 꽃잎을 뚝뚝 떨어뜨리는 시간의 마술을 부렸다. 황리단길 카페 2층에서 바라보이는 대릉원 고분뷰는 세상 어디에서도 경험할 수 없는 황홀한 선물이다. 시선의 끝에 잡힌 고분이 어느 왕의 것인지 짐작할 필요는 없다.

신라 천년의 역사를 기억하기위해 온 경주가 아니라면 그저 파릇파릇 솟아나는 신록을 통해 '왕릉'도 해마다 살아난다는 것을 눈으로 보기만 하면 된다. 역사는 책으로 배우는 것이 아니라 살아가면서 눈으로 보고 느끼는 것이 아닐까.

신라 천년이 이어지던 그 때 황리단길은 금입택 처마들이 이어진 최대 번화가로 영화를 누린 그 거리였을지도 모른다. 왕궁 월성이 지척지간에 있고 왕릉이 줄지어 자리하고 있는데다 (선덕·진덕)여왕의 시대가 남겨둔 첨성대가 왕의 권위를 과시하려던 것이라면 황리단길이 도심이었을 것이다.

황리단길은 도시 전체가 세계문화유산으로 지정된 경주와 어울리지 않는 우리 시대의 산물이 아니라 경주를 더 경주답게 하는 거리로 재탄생했다.

경주빵

경주시내에는 유난히 빵 가게들이 많다. 다른 도시들에서 볼 수 있는 유명프랜차이즈 빵이 아니라 '경주'라는 지리적 명칭을 붙인 '경주빵'이나 '경주 찰보

리빵'이 그것이다. 뿐만 아니라 십원짜리 동전을 형상화한 '십원빵' 가게도 늘 10여 m이상 줄을 서있는 풍경이 낯설지 않을 정도로 인기를 끌고 있다. 경주사람들에게 경주빵은 고향을 떠올리게 하는 빵으로, 추석이나 설날 등 명절 때마다 한 박스씩 사려는 인파가 몰리곤 했다.

일본식 '화과자'에서 유래한 경주빵의 원조는 일제식민지 시절로 거슬러 올라간다. 당시 황남동에서 최영화장인이 간판도 없는 가게에서 단팥소를 넣은 화과자를 만들어 팔았는데 그것이 현재의 '황남빵', '경주빵'의 시작이었다. 현재의 황남빵과 최영화빵, 그리고 이상복경주빵은 모두 같은 계열의 빵가게라고 한다.

언제부터인지 십 원짜리 동전을 형상화한 '십원빵'도 경주빵과 어깨를 나란히 하고 있는 경주의 대표빵의 하나로 대접받고 있다. 아마도 십 원짜리 동전의 한 면에 새겨진 불국사 다보탑때문인 모양이다.

일본 도쿄와 오사카, 오키나와 지역에서도 최근 '10엔 빵'이 인기를 끌고 있다고 한다. 일본의 10엔(円) 동전을 모델로 하고 있으나 원조는 한국이다.

다시 경주를 찾는다. '능뷰'가 아름다운 카페에 앉아 아이리스 커피를 마시거나 일본식 덮밥을 먹고 피자를 함께 먹는다. 동·서양과 과거와 현재 미래가 공존하는 시공감을 오늘 우리는 오롯이 황리단길에서 느낀다.

신들의 산, 남산

신라는 남산에서 시작해서 남산에서 끝났다. 신라의 시조 박혁거세가 태어난 우물 '나정'이 남산자락에 있고 경애왕이 후백제 견훤에 의해 사로잡힌 포석정도 남산자락이다. '동이 터서 솟아 오른

해가 가장 먼저 비춰주는 광명에 찬 땅'이라는 '새벌', '서라벌'이 삼국통일을 통해 '천년제국'이 될 수 있었던 것은 남산이 있었기 때문일지도 모른다.

남산은 불국정토의 본산

경주 시가지를 독차지하다시피 한 대릉원 등의 수많은 왕릉과 불국사, 첨성대 등의 신라유적들이 경주를 경주답게 하고 있지만 남산을 보고 남산에 오르지 않고 경주를 온전히 알기는 어렵다. 서울의 남산보다는 조금 높은 산이지만 경주 남산은 성스러운 산이다. 삐뚤빼뚤 비틀어진 소나무가 온 산을 뒤덮고 있는 남산에는 통일신라시대 한 때 100여 곳이 넘는 사찰이 온 산을 빽빽하게 차지할 정도로 '불국정토'의 본산이었다.

마치 중국의 불교성지 둔황석굴을 보는 듯 하다.

신라는 현세의 부처의 땅이라고 여겨졌다. 왕이 현세의 부처를 자처하면서 선덕(善德)이니 진덕(眞德), 헌덕(憲德), 성덕(聖德)이니 등의 법명을 차용했다. 황룡사에 9층목탑을 건립하고 불국사를 창건하고 석굴암을 창건, 부처를 모신 대역사(大役事)는 모두 불교라는 종교를 활용한 정치행위와 다름 아니었다.

그러나 부처의 법력을 과시하던 통일신라의 시대나 고려도 몽골의 거듭된 침략 앞에선 풍전등화의 신세였다. 동방 최고의 위용을 과시하던 황룡사 9층 목탑은 하루아침에 몽골의 방화로 소실되었고 8만대장경의 법력도 소용이 없었다.

남산 불두없는 부처

경주를 찾는 관광객이나 등산객들이 가장 많이 찾는 경애왕릉이 있는 삼릉계곡을 통해 남산에 오르다가 가장 먼저 만나는 부처가

있다. 삼릉계 제1사지다. 계곡에 처박혀있던 부서진 불상이다. 단아한 불상은 어디로 가고 목 윗부분, 불두(佛頭)가 사라진 부처다. 제2사지를 조금 더 올라가면 다시 머리부위가 없는 불상을 만난다. '나무아미타불 관세음보살' 안타까움에 저절로 두 손 모아 합장할 수 밖에. 한참을 더 올라 온전한 모습의 삼릉계 석조여래좌상을 만나면서 그제서야 안도의 한숨을 쉴 수 있었다. 삼릉계곡 왼쪽 능선에 자리 잡은 석조여래좌상은 불상의 몸과 머리 광배 및 대좌를 온전히 갖추고 있었다.

남산에서 불두없는 불상이 많이 만나게 되는 것은 천년의 시간이 지난 만큼 여러 가지 연유가 있겠지만 조선시대 교조화된 억불숭유(抑佛崇儒) 정책의 비극 탓일 게다. 조선을 개국한 태조 이성계는 고려의 귀족세력의 정신적 지주역할을 한 불교를 억압하고 견제했다. 사대부를 주축세력으로 내세운 조선은 고려 귀족세력의 배후에 있던 불교를 부패의 본산으로 간주하고 성리학의 가치를 전면에 내세웠다. 그 선봉에 정도전이 있었다. 정도전은 아예 '불씨잡변'(佛氏雜辯)을 통해 불교를 비판하고 불교의 오류를 지적하면서, 불교를 억압해야 한다는 주장을 내세웠다. 숭유억불정책은 이처럼 조선의 건국이념으로 체화되면서 조선 초기에는 국가가 사찰의 재산을 강제로 몰수하고 승려도첩제를 시행, 승려를 관리통제하기도 했다.

남산에서 만난 목 잘린 부처는 상당수가 이런 조선초 숭유억불정책의 희생일 가능성이 높다.

우리들의 경주

종교를 활용한 권력의 욕망이 교차한 흔적이 안타까운 돌부처라는 것이 안타깝기만 하다.

우둔한 중생의 생각으로는 부처의 목을 치는 것으로도 불교를 없애는 것이라고 여겼을 지도 모른다. 그러나 그들이 자른 것은 돌덩이에 불과했고 요즘과 같이 교조화되고 종교화되기까지 한 진영논리였을 것이다. 그 흔적이 지금도 남산자락 곳곳에 남아있는 불사지(佛寺地) 122개소. 불상 57구 석탑 64기 석등 19기 불상대좌 11좌 귀부 또는 비석받침 5개 등이다.

광기의 10년 문화대혁명의 시대를 겪은 중국에서도 이와 같이 교조화된 유물론의 흔적이 곳곳에 남아있다. 수천 년의 시간을 이겨낸 문화유적들이 당시 파괴되거나 훼손됐고 곳곳의 불교와 유교 성지들이 홍위병의 난동 희생양이 되었다.

용장사지 삼층석탑

용장골을 거슬러 올라가다가 만나게 되는 불두없는 석조여래좌상은 부처를 받치고 있는 독특한 대좌로 인해 더 기억에 남을 뿐만 아니라 종교에 가해진 잔혹한 인간의 탐욕을 상징한다는 점에서 눈에 밟힌다. 자연 암반을 기단으로 한 부처는 둥근 원반 모양의 돌을 삼층석탑마냥 쌓아 놓은 뒤 석조여래좌상을 반듯하게 올려놓은 형태로 우리나라 어디에서도 찾아볼 수 없는 형태다.

가까이 가서 찬찬히 둘러보면 기단으로 쓴 바위와 다를 바 없는 자연석을 다듬은 석조여래좌상이었다. 그저 돌덩이에 불과한 부처라 해도 머리 없는 불상은 사바세계를 바라보고 있지만 사실은 피안의 극락세계를 기원하고 있을 것이다. 이 불상은 도굴꾼들이 사리를 찾으려고 무너뜨린 것을 복원한 것이다. 불두가 언제 사라진 것인지, 훼손된 것인지 알 수 없지만 훼손되고 도굴된 역사도 엄연히 살아있는 남산의 역사다. 계곡 어딘가에 사라진 불두가 뒹굴고 있을 지도 모를 일이다.

이 석조여래좌상에서 조금만 올라가면 남산의 '시그니처'라고 할 수 있는 '용장사지 삼층석탑'을 만날 수 있다. 해발 400여m 남짓한 높지 않은 산이지만 용장계곡 꼭대기 바로 아래 자연 암반 위에 세워진 석탑은 마치 용장계곡 전체를 지대석으로 삼은 것 마냥 웅장하고 장엄한 자태를 자랑한다. 자연석을 기단으로 삼아 탑을 쌓은 것은 자연과 조화롭게 살고자 하는 인간의 작은 욕망을 그대로 드러낸 것이리라. 자칫 교만해질 수도 있는 인간이지만 바벨탑이 아니라 산 위에 소박한 탑(塔) 하나 쌓는 것으로 부처의 세계에 다가가려는 세속의 욕망을 가볍게 표출하려는 것이리라.

우리는 이 석탑을 통해 부처에 다가가려는 오묘한 감상에 젖는다. '내 마음 속 부처를 찾으라'는 고승의 선문에 애써 답하려 하는 것보다 그저 남산에 한 번 오르는 것만으로 부처를 만날 수 있는 셈이다. 부처의 땅, 불국토라 여겼던 신라인의 마음을 한 번쯤 느껴보고 싶다면 남산 계곡을 따라 한 두 시간 오르내리는 것으로도 경주는 충분히 보답할 것이다.

부처의 땅이라고 하지만 남산에는 부처만 사는 것이 아니라 인간의 삶이 공존했다. 마음의 평안이 필요한 인간은 남산에 오르면서 바위에 새겨지고 반석위에 오롯이 좌정해있는 부처를 통해 위안을 얻고 현세의 고통을 잊을 수 있었다. 산을 오르고 내려가는 길은 세상의 번뇌를 만나고 고통을 체험하듯 가파르기도 하고 평온한 흙길이기도 하다. 가쁜 숨을 내려놓고 온전한 자신을 돌아볼 수 있게 하는 신들의 세상이 바로 남산이었다.

용장사는 금오신화를 쓴 매월당 김시습과 밀접한 연관이 있는 곳이다.

남산의 최고봉은 고위봉(494m)이지만 정상은 '금오봉'(468m)이다. 남산의 별칭이 금오산(金鰲山)이다. 남산을 금오산이라 부른 것은 당나라 시인 고운이 최치원에게 준 송별시(詩)에서 비롯됐다고 한다.

"내 들으니 바다에 금 자라가 셋이 있어, 그 머리로 높고 낮은 산이고 있다네.

그 산 위로 구슬 朱宮, 貝闕 黃金殿이 있고, 아래에는 천리만리 넓은 물결이라네. 그 곁에 한 점 계림이 푸른데, 금오산 정기로 뛰어한 인물을 낳게 했네.

12세에 배를 타고 바다를 건너와, 그 문장 중국을 감동시켰네.

18세에 글 싸움 하는 곳에 나아가, 한 화살로 금문책을 쏘아 뚫었네!"

(삼국사기 권 46 최치원조)

매월당은 이 용장사에 7년 여간 머물면서 우리나라 최초의 한문 소설집인 금오신화를 집필했다고 한다. 그가 머물던 조선시대에는 석탑과 석가여래좌상은 물론이고 용장사의 대웅전도, 부처도 온전하게 자리 잡고 중생을 계도하고 있었을 것이다.

남산에 오를 때마다 종교적인 분위기에 주눅들 필요는 없다. 종교인이든 아니든 상관없다. 남산을 보지 않고 경주를 안다고 할 수 없다는 한 두 마디 말에도 현혹될 필요는 없다. 그저 남산에 가볍게 오를 수도 있고 용장사지 석탑을 보고 감동할 수도 있지만 멀찍감치 바라보면서 남산이 거기 존재한다는 것만 알아채기만 해도 된다.

천년고도 경주 그리고 교토

가장 '일본스럽고 일본다운 것', 진짜 일본을 느끼고 싶을 때 우리는 자연스럽게 교토(京都)를 떠올린다. 오래된 도시가 주는 편안함과 고즈넉함, 넝쿨나무가 온 도시를 뒤덮을 정도로 오래된 천년의 시간을 기억하면서도 정갈하게 잘 관리가 된 듯한 고도가 주는 향기를 맡고 싶을 때 우리는 교토로 향한다.

봄이 절정을 향할 때 우리가 온 도시가 벚꽃으로 가득한 경주를

떠올린다면, 일본인들은 '기요미즈데라'(清水寺)와 '아라시야마'(嵐山)를 비롯한 교토의 벚꽃 명소로 간다. 꽃잎이 바람에 흩날리는 봄날, 만개한 벚꽃 아래 어깨를 맞댄 채 돗자리를 펴놓고 봄볕과 맥주 한 캔 손에 들고 꽃놀이를 즐기는 교토의 '하나미(花見)'는 대장관이다. 하나미는 나라(奈良)에서 교토로 수도를 천도한 이후인 헤이안(平安)시대(794~1185)부터 자리 잡히기 시작한 일본의 전통풍습이다.

'천년고도'는 경주와 교토에 따라붙어 다니는 자연스러운 수식어다. 우리나라에 경주가 있다면 일본에는 교토가 있다. 두 도시는

여러모로 판막이처럼 닮았다.

불국사와 석굴암, '기요미즈데라'(淸水寺)와 킨카쿠지(金閣寺) 등 세계문화유산으로 등재된 불교문화유산은 물론이고 고즈넉하면서도 정갈한 '고도(古都)감성'을 경주와 교토 모두 갖고 있다.

그래선가 경주에선 교토의 감성을 느낄 수 있고, 교토에 가면 경주가 떠오르기도 한다. 천년고도는 경주와 교토 외에 로마와 중국 시안(西安)도 꼽힌다. 로마제국의 영욕을 지켜 본 로마와 왕조를 달리하면서도 사랑받아 온 시안은 그러나 경주와 교토의 감성과는 달리 웅장하고 투박하다는 점에서 거리가 있다.

기요미즈데라는 청수사로 오르는 언덕길이라는 뜻을 가지고 있다. 전통가옥을 개조한 상점과 찻집이 많아 옛 일본의 분위기를 느낄수 있다.

경주같은 교토, 교토같은 경주

일본인이 가장 사랑하는 우리나라 도시로는 경주가 꼽힌다. 우리와 마찬가지로 일본 수학여행단도 경주를 자주 찾는다. 그들은 경주에서 정교하면서 소박한 '신라미'(美)를 찾아내는가 하면 천년 고도가 선사하는 '케케묵은' 고즈넉함을 즐긴다.

2023년 5월 기시다 후미오(岸田文雄) 일본 총리 방한일정 중 대통령관저 만찬에 대통령실이 내놓은 전통술이 '경주법주'다. 윤석열 대통령은 기시다 총리부부에게 직접 "한국 청주 중에서도 굴지의 천년고도 명주"라고 소개하기도 했다. '초특선'이라는 일본 청주 최고 등급을 붙일 정도로 '경주법주' 초특선은 일본 청주 제조법으로 빚어 일본식 사케(サケ)라고 해도 다를 바 없다. 일본에서도 알아주는 '구보다 만주'(久保田 萬酒)와 비교해도 손색이 없는 경주의 술이다.

일본의 경주 같은, 한국에서 교토(京都)를 여행하듯이 교토를 느

우리들의 경주

껐으면 좋겠다는 생각이 들었다. 경주를 통해, 교토를 통해 한국과 일본은 오래전부터 전통과 문화를 교류하고 소통하고 있었다는 느낌이 들 것이다.

794년 간무(桓武) 천황이 나라에서 교토로 수도를 이전한 이후부터 1868년 무사정권이 에도(도쿄)로 수도를 옮기기 전까지 교토는 일본의 수도이자 정치·문화의 중심이었으며 지금도 일본정신의 본향으로 여겨진다.

교토로 천도한 8세기말은 통일신라의 최전성기였다. 경주는 당나라의 수도 장안, 페르시아의 바그다드, 로마제국의 콘스탄티노플과 더불어 아시아 최고의 도시로 각광을 받았다.

교토는 그때서야 장안을 모방한 계획도시로 출발, 천년고도로 자리 잡기 시작했다. 두 도시가 천년고도의 감성을 공유하고 있는 것은 근대에 들어와서는 2차세계대전 등의 전쟁에도 불구하고 폭격이나 공습을 당하지 않아 역사적으로 가치가 있는 문화유적들이 온전하게 남아있기 때문이기도 하다.

교토에는 무려 2,000여개의 사찰이 산재해 있다. 그 중에서도 교토인이 가장 사랑하는 사찰은 기요미즈데라다. 헤이안 시대 일본의 국교는 불교였다. 마치 현세의 불국토라 칭하던 신라의 왕경 경주와 버금갈 정도로 온 도시가 사찰로 뒤덮였다. "寺寺星張 塔塔雁行"(절들이 밤하늘의 별처럼 펼쳐져 있고 탑들이 기러기 떼처럼 줄

지어 있다)는 삼국유사에 표현된 경주를 교토로 대체해도 될 정도다. 청수사와 금각사, 은각사, 동복사, 고산사, 용안사, 대각사, 남선사 등 둘러봐야 할 사찰의 숫자가 실로 어마어마하다.

불교유적 뿐 아니라 신사도 꽤 있어 교토에 가면 그 도시가 품고 있는 역사의 향기를 그저 맡기만 하면 그만이다. 교토의 품격을 대신할 수 있는 기온(祇園)거리를 거닐면서 기모노를 차려입고 가부키 화장을 한 얼굴로 출근하는 게이샤(芸者)를 만나는 것만으로도 헤이안(平安)시대로 들어가는 '타임슬랩'에 올라 탄 것 같다는 느낌을 받을 것이다.

기요미즈데라

교토에 가면 기요미즈데라(淸水寺)와 기온 거리, 킨카쿠지(金閣寺)와 긴카쿠지, 아라시야마, 니조성 그리고 교토교엔 교토역 뒷골목 정도는 꼭 가봤으면 좋겠다.

'기요미즈데라'는 교토관광의 시그니처다. 교토에 가는 누구나 한 번쯤은 기요미즈데라에 간다. 일본인이 가장 사랑하는 사찰이기도 하지만 기요미즈데라는 사찰로 들어가는 상점가인 기요미즈자카와 산넨자카에서부터 교토감성 그 자체를 느낄 수 있다. 거리를 가득 메운 상점들은 교토의 관광상품이라기 보다 교토의 일상적 감성을 가득 품고 있는 것 같았다.

　사찰에 들어가면서 받아든 입장권은 소장하고 싶은 욕망을 자극한다. 벚꽃이 활짝 피는 봄 입장권에는 벚꽃으로 뒤덮인 기요미즈데라가 있고 여름에는 녹음, 가을에는 단풍, 겨울에는 하얀 눈에 뒤덮인 기요미즈데라가 있다. 교토감성을 입힌 특별한 입장권이다.

　교토의 또 다른 명소인 킨카쿠지(금각사)와 긴카쿠지(은각사) 입장권은 건강과 평안을 비는 부적형태여서 '소장품'으로 인기가 높다. 킨카쿠지같은 사찰에 한 번 입장하는 것으로 일 년 내내 마음이 편안해지는 부적을 선물 받는 셈이다.

기요미즈데라의 핵심포인트는 기묘미즈노부타이라는 테라스같은 나무데크다. 절벽 위에 지어진 넓은 테라스에 올라서면 교토타워가 솟아있는 교토시내가 한 눈에 들어온다. 천년고찰에서 느끼는 고도의 느낌이 이런 것일까. 교토타워에 올라서 바라보는 교토시내와는 다른 느낌을 받는다.

킨카쿠지와 긴카쿠지

20만장의 금박을 입힌 전각이 있어 '금각사(金閣寺)'로 불리게 된 킨카쿠지는 교토여행의 또 다른 명소로 꼽힌다. 화려한 자태로 번쩍거릴 것으로 생각했지만 아침햇살을 받으면서 작은 연못가에 자리 잡은 금각은 우아하고 기품있는 전각이었다. 산책을 하듯 천천히 경내를 둘러보고 '합격'구호를 붙인 부적을 사거나 건강을 빌면서 향을 피우는, 사찰을 찾는 일본인의 일상에 스며들었다.

단풍이 물든 가을이나 눈 내린 설경의 금각도 킨카쿠지의 다른 매력으로 다가온다. 킨카쿠지는 노벨 문학상 후보로 여러 번 올렸던 작가 미시마 유키오의 소설 '금각사'로도 유명하다. 기요미즈데라와 킨카쿠지, 그리고 긴카쿠지를 둘러보면 어느 사찰을 가더라도 큰 차이를 느끼지 못하는 우리나라 사찰들과는 사뭇 다른, 교토 사찰의 감성을 느낄 수 있을 것 같다.

기온, 교토의 품격

'교토를 교토답게 하는 풍경'은 누가 뭐라고 해도 기온(祇園)일 것이다. 우리에게는 일본의 3대 축제 중 하나인 '기온마쓰리'(祇園祭)로 익숙한, 기온에 가면 매일같이 총총걸음으로 게타를 신고 출근하는 게이샤와 게이코들을 만날 수 있다. 그들을 따라 골목으로 들어가면 수백 년 전부터 그곳에 자리 잡고 있던 에도시대의 고급 요정들을 만나게 된다.

특히 이른 저녁 시간에는 영화에서나 볼 수 있던 기모노를 곱게 차려입은 게이코들이 택시에서 내려 출근하는 모습을 찍으려는 관광객들이 장사진을 친 모습도 색다른 볼거리다. '게이샤의 추억'같은 영화속 장면으로 빠져들어 갈 수 있는 독특한 풍경을 기온은 연출하고 있다.

천년수도로서의 위용을 뽐내는 곳은 교토교엔(京都御苑)이다. 하나미로도 유명한 교토의 벚꽃 명소 중 한 곳이기도 한 교엔은 지난 천년 동안 일왕이 거주하던 교토의 심장이자 황궁인 교토 고쇼(御所)를 한 가운데에 갖고 있다. 일왕의 각종 행사가 종종 이곳에서 벌어지기 해서 교토고쇼를 보려면 궁내청사무소에 사전 예약신청하고 가이드를 따라 관람을 해야 했다. 그러나 지금은 사전 예약 없이도 현장에서 관람할 수 있도록 개방됐다. 그런 면에서 우리의 청와대 관람이 떠올랐다.

교토감성 경주감성

'고도'(古都)를 고도답게 하는 최고의 문화유적은 왕궁이다. 신라의 왕궁은 월성(月城)이었고, 교토시대 일왕의 왕궁은 '교토고쇼'(御所)였다. 도쿄(東京)로 천도하면서 천황의 거소도 에도로 옮겨졌다. 폐허가 된 '월성'과 '교토고쇼'를 바라보는 시선은 달라도 고도감성은 닮았다.

교토를 고도답게 해주는 것은 교토고소가 있기 때문이라면 경주 역시 월성이 있기 때문일 것이다. 발굴 작업이 마무리되지 못해 복원하지 못한 月城의 화려한 면모를 재현하게 된다면 경주에서도

교토고쇼의 감성을 느낄 날을 기대해본다.

그러나 경주를 고도답게 하는 것은 사라진 왕궁이 아니라 대릉원을 위시한 왕들의 고분군이다. 대릉원과 봉황대·금관총 등을 잇는 노서·노동동 고분군은 고도의 정취를 제대로 만끽하게 해주는 왕들이 남겨 준 선물이자, 교토가 갖추지 못한 경주의 보물이다.

교토를 여행한다면, 교토고쇼와 교토교엔(京都御苑)을 가봐야 하는 이유도 경주의 그것과 다르지 않다. 지금의 교토고쇼는 고곤 천황이 즉위한 1331년부터 메이지 천황이 도쿄로 천도한 1869년까지 약 500년간 천황의 거처였다.

교토고쇼는 동서 250m, 남북 450m의 사각형으로 천황의 즉위식은 물론 각종 궁중행사가 열린 유서깊은 곳이지만 천도 후 왕궁의 기능을 잃었다. 지금은 '왕의 정원' 교토교엔이 조성돼서 벚꽃놀이와 단풍놀이 등을 통해 시민과 관광객들에게 개방되고 있다.

니조조(二条城)

일본정치를 이야기할 때 빼놓을 수 없는 것이 '쇼군'(將軍)과 막부(幕府)정치일 것이다. 복잡해보이지만 사실 일본의 막부정치는 1603년 도쿠가와 이에야스(德川家康)가 100년간의 내전을 끝내고 쇼군이 되면서 막부정치를 본격적으로 열었다. 이에야스가 천황을 능가하는 실권자로 등장해서 교토에 머물게 되면서 축성하도록 한 성이 바로 이 '니조조'(二条城)다.

유네스코 세계문화유산인 니조조를 보지 않고서는 교토의 진면목을 안다고 할 수 없다. 왕궁보다 더 화려할 것으로 예상했지만 생각보다 니조조는 소박한 규모였다. 성 입구에 도착하면 폭 13m, 깊이 17m에 이르는 커다란 해자(垓字)가 성을 둘러싸고 있는 것이 먼저 눈에 들어온다. 쇼군의 권위가 하늘을 찌를 듯이 막강해졌지만 이에야스는 적의 침입에 대비하겠다며 해자를 구축, 경계를 게을리 하지 않았다.

니조조는 성 밖에만 해자를 조성한 것이 아니라 성내에도 한겹 더 해자를 파놓았다. 안쪽 해자에선 팔뚝만한 잉어떼들이 관광객들이 던져주는 먹이에 따라 유영하는 모습이 이색적이다. 해자 외에도 망루가 사방에 설치됐다. 이 망루에선 100여명의 무사들이 밤낮으로 경계가 설 정도로 경비가 삼엄했다고 한다. 경주 월성 주위로 지난 해 복원된 해자도 폭이 최대 40m에 총 길이는 550m에 이른다.

교토는 교토고쇼와 '니조조'로 인해 옛 수도로서의 위상을 변함없이 유지할 수 있었다. 경주는 천년왕국의 유적으로 첨성대 외에는 월성 주변에 남겨진 것이 거의 없다. 월성과 남천(南川)을 잇는 월정교가 복원된 만큼 발굴 작업이 마무리되지 않은 월성도 황룡사 9층 목탑과 거대한 장육존상 등과 더불어 복원된다면 경주는 천년 전의 화려한 문화제국의 면모를 과시할 수 있을 것이다.

불국사

교토에 기요미즈데라(淸水寺)가 있다면 경주에는 불국사(佛國寺)가 있다. 일본의 불교사찰은 일왕(천황)의 권위와 결부돼있을 때 흥성했지만 일왕과 갈등을 빚은 후에는 막부의 후원을 통해 대중적 기반을 유지할 수 있었다. 그에 반해 신라는 왕들이 현세의 부처를 자처하는가하면 신라를 불국정토(佛國淨土)라 여기면서 불교에 의존하는 경향이 농후했다. 두 도시 모두 불교사찰이 온 도시를 촘촘하게 뒤덮을 정도로 많았지만 왕으로부터 백성에 이르기까지 불심 가득한 불국토를 바란 곳은 신라였다.

불교든 기독교든 간에 모든 종교는 인간을 구원하는 수단이었다. 피안의 세상을 현세에 구현하고자 한 신라인들이 신성시 한 불국정토는 남산이다. 황룡사와 분황사가 왕들의 사찰이라면 백성들은 남산으로 향했다.

김대성이 중창한 '불국사'는 신라인이 이상적으로 상상하던 피안의 세계를 구현한 불국(佛國) 그 자체였다. 이 땅에 불국을 건설하겠다는 신라인의 염원이 절 명칭 자체처럼 불국사창건에 여실하게 드러나 있다. 불국구현의 염원은 석가모니불의 '사바세계'와 아미타불의 '극락세계', 그리고 비로자나불의 '연화장세계'라는 세 가지로 불국사 가람배치를 통해 구현됐다.

대웅전과 극락전과 비로전이 그것이다. 일주문을 통해 불국사에 들어가서 제일 먼저 만나는 것이 돌계단으로 이뤄진 석단이다. 석단 아래가 사바세계라면 석단 위는 부처의 땅인 불국인 셈이다. 그 불국으로 향하는 돌계단이 수학여행 단체사진 명소인 청운교와 백운교 그리고 연화교와 칠보교라는 두 쌍의 다리다. 계단에 올라 아래를 내려다보면 마치 교토 기요미즈데라(淸水寺)의 부타이에 올라있는 듯한 느낌을 받기도 한다.

불국사 복돼지

혹시라도 불국사에 가서 '복돼지'를 만나면 당신에게 엄청난 행

운이 찾아올 수도 있을 것이다. 물론 수십여 년 전 수학여행으로 불국사를 다녀 온 기억 외에는 불국사를 가 본 적이 없는 중년들은 처음 들어보는 '복(福)돼지'일 것이다.

절이나 교회 등 종교시설에 가는 가장 큰 이유는 마음의 위안을 얻고 복을 빌기 위한 것이 아닐까. 그것이 전통적인 기복(祈福)신앙이다. 정월이나 초파일, 사찰에 가서 가족의 건강과 평온을 비는 연등을 다는 풍경은 일본의 사찰에서도 볼 수 있다.

불국사 복돼지상은 극락전 앞에 있다. 극락전은 석가탑과 다보탑이 있는 대웅전과 담 하나를 사이에 두고 있는 법당이다. 연화교와 칠보교를 오르면 만나게 되는 부처의 나라 불국(佛國)이 바로 극락전이다. 극락전에 모신 아미타불은 마흔 여덟 가지 소원을 이뤄주는 부처로 그것을 이루면 서방에 극락세계를 만든다고 한다.

극락전 복돼지상은 서유기 속 '저팔계'를 닮았다. 저팔계는 생각이 단순하고 먹기를 좋아하는 돼지다. 돼지는 사찰 경내에서 종종 발견되기는 하지만 우리나라 절에서 돼지를 찾기는 쉽지 않다. 불국사 복돼지도 극락전 현판 뒤에 복돼지가 조각돼있다는 것을 수백년 동안 까맣게 모르고 있다가 2007년 극락전 단청 보수공사를 하다가 발견됐다.

공교롭게도 그 해는 돼지해였다. 날카로운 어금니와 길쭉한 눈 그리고 누런 털까지 보일 정도로 세밀하게 표현된 돼지조각상이 무려 250여 년 동안 현판에 가려진 채 눈에 띄지 않았던 것이다.

극락전에 돼지를 조각한 것은 '돼지가 새끼를 많이 낳고 사람에게 도움을 주는 상서로운 동물이어서 재물과 건강 행복 등 福을 비는 기복의 의미를 담은 것으로 볼 수 있다. 불국사가 마련한 복돼지 안내판도 '세상의 모든 즐거움이 가득하다는 극락정토의 복돼지는 부와 귀의 상징인 동시에, 지혜로 그 부귀를 잘 다스려야 한다는 의미'라고 설명하고 있다.

극락전 황금복돼지상을 만나고 난 후 멀게만 느껴졌던 불국사가 푸근해졌다.

손을 내밀어 복돼지상을 몇 번이고 쓰다듬으면서 소원을 마음껏 빌었다. 2017년 한 관광객이 불국사를 찾아 복돼지를 쓰다듬고 현판 뒤의 숨겨진 복돼지상에게도 소원을 빈 후 극락전에서 108배를 올린 후 로또 1등에 실제로 당첨되었다는 후기가 전해진 이후, 불국사를 찾는 누구나 할 것 없이 줄을 서서 복돼지상을 만지면서 복을 빌고 기념사진을 찍는 것이 불국사 순례코스가 됐다.

교토 고류지(廣隆寺)에 있는 '목조미륵보살반가사유상'은 우리나라 국보 제 83호 금동미륵보살반가상과 쌍둥이라고 할 정도로 비슷하다. 일본이 국보1호로 지정할 정도로 예술적 가치를 높이 평가하는 이 반가사유상은 7세기(623년경) 신라에서 제작돼 일본으로 전해진 것으로 추정되고 있다.

교토 서북쪽에 있는 고잔지(高山寺)에는 신라의 고승 원효와 의상대사의 초상화가 소장돼 있다. 이 절이 소장하고 있는 두 고승의 초상화는 실제 이미지와 가장 가깝다는 평을 듣고 있다. 그 시절 신라와 일본, 경주와 교토는 그 때부터 서로 교류하고 있었다는 것을 반증하는 자료들이다. 교토를 가야할 이유가 더 많아졌다.

황금의 제국, 인디아나존스 신라

최근(2023년 6월) 개봉한 영화 〈인디아나 존스 : 운명의 다이얼〉 후속편을 제작한다면 '황금의 나라' 신라의 금관을 찾아 떠나는 모험이야기는 어떨까? 금관총과 천마총, 황남대총, 서봉총 금령총 등 발굴하는 고분마다 화려한 금관과 금은보화로 만든 장신구들이 대거 출토된 경주의 고분에는 얼마나 많고 다양한 신라시대의 황금 유물들이 숨어있는 지 알 수 없는 보물창고와 같은 존재다.

일제 식민지시절 처음으로 발굴된 신라 금관은 이후 다섯 개나 더 출토되었다. 화려한 금관 등 황금 장신구들은 '마립간' 시대 이후 왕의 권위를 상징하는 특별한 장신구였다. 금관은 신라 왕들이 가진 특별한 권위를 과시하는 그것이었다. 가히 신라는 황금제국이었다.

인디아나 존스

페르시아 왕자와 신라공주의 사랑을 표현한 고대 페르시아의 서사집 '쿠쉬나메'에는 페르시아 왕자 아비틴이 중국에서 신라에 도착하는 장면이 묘사돼있다. "바실라(신라)는 평범한 도시가 아니었다. 선녀로 가득찬 낙원과 같은 곳이었다. 깨끗한 물이 사방에서 흐르고 있었으며 개천 가까이에는 향나무들이 있었다. 정원은 재스민으로 풍성하였고 향기로운 튤립과 히아신스로 가득했다....

보초병이 문을 열자 그곳은 낙원처럼 보였다. 도시의 냄새가 너무나 향기로워서 사람의 넋을 잃게 하였다. 모든 일들이 말을 타고 있었으며 아비틴에게 황금을 선물했다. 모든 길과 거리는 반짝거렸으며 중국산 실크로 장식되어 있었다. 가인(佳人)들은 지붕에서 노래를 불렀으며 풍악소리가 온 도시에 울려 퍼졌다. 궁 전체가 하늘색 배경에 금으로 장식되어있었고 모든 의자에는 사파이어와 루비가 세공되어 있었다..."

7세기 말 신라를 찾아 온 페르시아왕자의 눈에 비친 경주는 온 도시가 황금으로 번쩍거리고 왕궁 월성은 황금 뿐 아니라 온갖 보석으로 화려하게 치장돼 있어 중국 시안과 로마, 콘스탄티노플 등의 당시 세계 최고의 국제도시의 명성에 뒤지지 않을 정도로 아름다운 도시였던 모양이다. 거기다 신라왕은 페르시아인들에게 황금을 아낌없이 선물로 줬다.

〈삼국유사〉 진한조는 "신라는 전성기에 서울이 17만8936호(戶)였고, 1360방(坊), 55리(里), 35개의 금입택(金入宅)이 있었다."고 기록했다. 왕궁 뿐 아니라 성골과 진골 등 귀족들의 집도 금으로 치장해서 번쩍이는 '금입택'이었다. 김유신 장군의 '재매정택'(財買井宅)은 물론이고 지상택, 북유택, 남유택, 장사택, 상앵택, 하앵택 등 삼국유사는 무려 서른 여 곳에 이르는 금입택을 일일이 열거하고 있다.

황금과 보석으로 장식된 화려한 궁궐과 귀족들의 금입택들이 즐

비하게 늘어선 경주는 이방인의 눈에 동방의 지상낙원이자 파라다이스로 여겨졌을 법하다. 황금제국 신라를 찾아 온 페르시아 왕자가 벌이는 모험과 신라공주와의 사랑 그리고 페르시아왕자를 위해 제작한 왕관 선물을 찾아나서는 이야기는 인디아나존스와 같은 어드벤처 영화의 색다른 소재가 될 수도 있겠다.

박물관은 살아있다.

경주국립박물관에서는 〈천마, 다시 만나다〉라는 주제의 특별전시(2023.5.4~7.16)가 열렸다. 박물관 본관에서도 상설 전시가 있지만 특별전시는 늘 경주와 신라를 새롭게 한다. '천마총 발굴 50주년'을 기념하여 기획된 이번 전시는 천마총에서 출토된 말다래 '천마'를 비롯, 금관과 금장신구 등 천마총에서 출토된 유물들을 세상 밖으로 내보냈다.

전시장에 들어서자마자 화려함의 극치를 보여주는 천마총 출토 금관과 새 날개 모양 금관 꾸미개 장식이 눈에 들어왔다. 하늘을 향해 비상하는 천마(天馬)가 그려진 말다래나 말장신구보다 날아오르는 듯 날렵한 새 날개와 나비 모양의 금관꾸미개가 모든 시선을 사로잡았다. 평소 황금을 '돌' 보듯이 하는 건 아니지만, 황금으로 만든 장신구가 이처럼 아름다울 수 있을까 감탄을 자아내게 하는 최고의 예술품이다.

다른 신라 금관들과 달리 단촐하게 3개의 맞장식과 2개의 엇가지 장식이 결합된 형태의 천마총 금관은 화려함의 극치였다. 신라시대에는 남녀를 가리지 않고 유행했다는 황금귀걸이와 황금으로 만든 긴 칼은 눈에 잘 들어오지 않을 정도로 화려하고 정교하게 황금으로 정교하게 만들어진 관 꾸미개는 관람객들의 시선을 사로잡았다.

아직 발굴하지 않은 대릉원과 노서동 고분군에는 얼마나 더 화려하고 아름다운 금관과 황금장신구들이 있을까 기대하면서 신라를 신라답게 만들어 낸 황금시대를 기억했다. 천년제국의 여운은 금관과 금장신구 등 황금유물로만 남겨지진 않는다. '천년의 미소'를 간직한 '수막새'를 직접 만나지 않고서는 신라인의 향기를 제대로 느꼈다고 할 수 없다.

천년의 미소, 수막새

지상낙원이자 현세의 '부처의 땅' 불국토(佛國土)를 자처한 신라는 궁궐과 금입택은 물론이고 황룡사와 불국사 등 사찰 건축에도 진심이었다. 기와는 특히 사찰의 지붕을 장식하는 최종적인 마감재이자 신과 인간의 세계, 즉 하늘과 땅을 구분짓는 경계선을 알리는 장치이면서 마지막 장식품이었다. 그래서 최종 마감재인 수막새와 치미에 귀신을 쫓는 주술적인 의미를 담아 험상궂은 도깨비 형상이나 부처를 새겨넣었다.

황룡사 터에서 출토되는 수막새에 도깨비 문양이나 무서운 동물이 그려진 것은 그 때문이다. 황룡사 출토 치미에는 사람 형상이 새겨져있다. 일본 나라시의 도다이지(東大寺) 등 일본 사찰에서 흔히 볼 수 있는 치미는 묘하게도 신라 치미와 닮았다. 우연일까? 치미뿐 아니라 도깨비나 귀신 대신 온화한 미소를 띤 사람 얼굴의 수막새가 경주에서 발견됐다.

넓은 이마와 오똑한 코, 잔잔한 미소를 띤 두 뺨을 가진 사람이었다. 영묘사 터에서 출토된 '원와당'(圓瓦當)이 그것이다. 한쪽 귀퉁이가 소실됐지만 신라인의 모습을 재현해놓은 듯한 수막새는 보통의 수막새처럼 찍어낸 것이 아니라 원형으로 만들어서 손으로 빚어낸 것이 특징이다. 귀신의 형상이 아닌 온화한 미소의 수막새라니! 귀신도 깜짝 놀라서 달아 났으려나.

이 수막새는 일제치하인 1934년 다나카 도시노부라는 일본인이 경주에서 구입해서 일본으로 반출했으나 해방 후인 1964년 박일훈 국립경주박물관장이 다나카씨에게 편지를 보내 기증을 부탁, 국내에 반환된 사연이 있다.

그럼에도 우리는 아직 신라의 진면목을 만나지 못했다. 불국사와 석굴암, 첨성대와 동궁, 월지 등 천년제국이 망한 후 1,300여년의 시간을 견디며 살아남은 건축물은 신라의 숨결을 간직한 소중한 유적들이다. 수학여행과 추억여행을 통해 월성 주변을 돌아보고 남산에 오르는 것만으로도 우리는 신라시대로 들어가는 입구를

나라 도다이지 치미@

찾아낼 수 있었다.

그러나 유적들을 만나고 박물관을 여러번 찾아도 경주는 단 번에 신라의 모든 것을 토해내지도, 드러내지도 않는다. 복구시킨 월정교를 지나다가 문득 물에 빠진 원효대사가 허둥대는 모습을 환영처럼 보기도 하고 지척지간에 있는 '천관사터'에서는 김유신과 천관의 사랑을 기억해내기도 한다. 화랑들의 이야기는 단 하나도 꺼내지 않았다.

페르시아를 건너왔다가 신라공주를 데리고 돌아간 아비틴왕자의 후예들이 처용이 되거나 왕의 호위무사가 돼 신라인으로 살아간 후일담도 듣지 못했다. 월성은 아직 완전하게 발굴되지 않아, 월성에서 벌어진 야사는 손도 대지 못했다. 선덕과 진덕 진성여왕 등 신라의 세 여왕 시대 역시 제대로 살펴본 적이 없다.

영천으로 가는 길목 건천읍에 있는 나지막한 '금척리' 고분군은 신라의 삼보 중의 하나인 금척이 묻혀있다는 전설을 간직하고 있다. 나당연합군 사령관 소정방이 내놓으라고 윽박지르기까지 했다는 박혁거세의 금척(金尺)이 어디 묻혀있는 지는 박제상이 쓴 '징심록'과 '금척지'에 적혀있다지만 서책들을 가진 후손들마저 6.25전쟁 와중에 북으로 가서 사라졌다.

경주, 천년 신라로의 여행이 다시 시작된다.

후기

어릿어릿 펄떡펄떡 가는 물결 이루면서
둘씩둘씩 희롱하면 도는 물에 떠논다
가끔 뭉친 마음속에 금척이 번득이고
문득 맑은 물결 튀기며 옥 같은 북 뛰논다
사람 그림자를 피하여서 미나리 속으로 숨어들고
푸른 풀 낚시터에서는 게 굴에 의지하기도 한다
너는 시내 사이에서 좋은 것 얻은 줄 알겠지만
향기 나는 낚싯밥 가는 줄 드리운 것 어찌하리
金溪魚躍 김시습 (국역 매월당집 1 52쪽)

金溪魚躍　　圍圍洋洋吹細波
　　　　　　兩兩相戲遊盤渦
　　　　　　有時聚藻飜金尺
　　　　　　忽沫淸瀾抛玉
　　　　　　綠荇深處避人影
　　　　　　碧草磯邊依蟹巢
　　　　　　知汝得所濠梁間
　　　　　　香餌徵婚其如何

경주에서 영천으로 가는 국도변에 수십 기의 고분이 웅크린 채 도열한 모습이 눈길을 끌었다. '금척리' 마을 입구에 차를 세웠다. 어림잡아도 삼십여 기에 이르는 거대한 고분군이다. 경주 시내 대릉원이나 노서·노동리 고분군에 비해 관리가 제대로 되지 않은 탓인지 고분 주위로 잡초가 우거져 다소 을씨년스러운 분위기까지 풍긴다. 왕이나 성골·진골 귀족들의 무덤이 아닌 것인가? 아니면 도굴돼 유적으로서의 가치가 사라진 것인가?

고분군 안으로 들어가니 사적 제 43호 '경주 금척리 고분군'에 대한 안내팻말이 눈에 들어왔다.

'금척리 고분군은 50여기의 크고 작은 봉분들로 이루어진 유적이다. 전설에 의하면 신라의 시조 박혁거세가 죽은 사람을 살리고 병든 사람을 고칠 수 있다는 '금척'(金尺 금으로 만든 자)을 하늘로부터 받았는데 중국이 이를 탐해 사신을 보내자 금척을 이곳에 묻어 숨긴 후 40여 개의 가짜 무덤을 만들었다고 한다. 마을 이름이 금척인 것은 이 전설에서 유래한다.'

6부 촌장의 추대를 받아 신라를 개국한 시조가 된 13세의 소년 박혁거세에게 왕의 권능을 준 것이 바로 여기에 묻혀있었다는 '금척'이었을까? 전설과 신화로만 치부하기에는 당시 금척의 존재는 분명해 보인다. 어린 소년에게 왕의 권위를 부여할 수 있는 신비스러운 힘이 금척에 있었던 것이 맞다면, 중국에서도 탐낼 만 했을 것이다. 삼국통일의 동맹군으로 온 소정방의 당나라 군대를 모두 동원해서 파헤쳤지만 찾아내지 못한 금척이었다.

신라 왕실의 권위를 상징하는 신라 삼보(三寶)로 흔히들 황룡사 장육존상과 진평왕이 하늘로부터 하사받은 '천사옥대'(天賜玉帶) 그리고 선덕여왕때 만들어진 황룡사 9층목탑을 말한다. 여기에 박혁거세 금척과 만파식적, 성덕여왕 화주는 3보에 버금가는 '3기'(奇)라 불리기도 했다.

발이 날선 잡초 사이로 빠지는 고분 사이로 걸었다. 어디선가 기이한 소리가 환청처럼 들렸다. 여기 어딘가에 금척이 묻혀있다며 알려주려는 것 같았다.
박혁거세의 시대로부터 무려 이천년의 시간이 흘렀고 남아있는 것은 금척이 묻혀있었다는 고분군이다.

남산 용장사 자락에서 〈금오신화〉를 '김시습'은 금척에 대해 깊은 관심을 보였다. 금척을 당나라에 빼앗기지 않으려 깊이 감추고 대대로 금척의 비밀을 발설하지 않고 살고 있는 박제상의 후손들을 만나 금척의 비밀에 대해 박제상이 쓴 〈징심록〉을 본 모양이었다. 〈징심록〉은 사라졌지만 김시습의 〈징심록 추기〉는 금척에 대해 자세하게 전한다.

"사록에 의하면 혁거세왕이 미천할 때에 신인이 금척을 주었다고도 하고 금척과 옥적이 칠보산에서 나와 혁거세왕에게 전해져다고도 한다. 칠보산이 만일 백두산 아래 명천부에 있는 것이라면 이는 반드시 옛날의 일이리라. 금척의 법이 또한 단군의 세상에 있었음을 알 수가 있는 것이다. 혁거세왕이 13세의 어린 나이로 여러 사

람의 추대를 받은 것은 그 혈통의 계열이 반드시 유서가 있었기 때문이며 금척이 오래된 전래물 임을 알 수가 있는 것이다.

  금척의 법은 세상에 드러나지 않고 오직 박제상의 집에만 전해졌는데 이는 반드시 파사왕이 전했기 때문으로 이 집안에 내려오는 금척 전설이 많아도 후손들은 엄중하게 비밀에 부쳐 징심록을 세상에 보이지 않았다고 한다.

  내가 일찍이 금척지를 읽으니 그 수사(修辭)가 매우 어려워서 알 수가 없었다. 대저 그 근본은 곧 천부의 법이다. 그것을 금으로 만든 것은 변하지 않게 하기 위한 것이요, 자로 제작한 것은 다 같이 오류가 없게 하기위한 것이었다. 변하지 않고 오류가 없으면 천지의 이치가 다하는 것이다." 〈징심록 추기〉

　삼국사기와 삼국유사가 전하지 않는 신라의 기이(奇異)는 수없이 많다. 금척 또한 그러한 우리가 평소 접해보지 못한 신라의 기이 중 하나다. 아마도 박혁거세가 신라를 개국하면서 신의 권능에 버금가는 능력을 보여줬을 것이다. 그 도구 중 하나가 금척이 아니었을까 짐작할 수 있다. '금척'은 실제로 피리만 불면 바람이 잠잠해지고 왜적을 물리칠 뿐 아니라 병든 사람을 살리기도 하는 전지전능한 힘을 가진 '만파식적'이나 천부경에 버금가는 '혹세무민'의 역할을 했을 지도 모른다.

　사료에 따르면 고려 왕건과 조선의 태조 이성계조차 금척의 비밀을 알아내려했다는 것을 감안하면 말이다.

　어쨌거나 금척과 만파식적은 물론 천사옥대 등 삼보와 삼기를 모두 잃어버린 신라는 그 수명을 다하고 고려에 귀의했다. 견훤에 의해 나라가 멸망한 것이 아니라 경순왕이 왕건에게 나라를 바치는 형식이었지만 나라가 망한 것과 마찬가지였다.

우리가 아는 신라는 여기까지다. 왕의 역사, 유적의 흔적, 그리고 사료에 남겨진 기록이 전부다.
경주에서 다시 찾아내고 발견한 신라는 다양하고 다채롭다. 신라인의 체취가 느껴지고 당시를 살던 백성들의 모습도 실루엣처럼 보인다. 대릉원 담벼락을 따라 형성된 '황리단길'에서 번성하던 서라벌의 옛 모습이 보이고 황룡사 폐허에서는 웅장한 9층 목탑의 형체가 보였다. 우리들의 환상이 아니었다.
누구나 보려고 하면 얼마든지 더 보여주고 더 찾아낼 수 있는 곳이 우리들의 경주다.

우리는 잃어버린 전설 속 금척을 찾아내야 하고 만파식적과 천사옥대도 찾아야 한다. 〈인디아나 존스〉같은 영화보다 더 영화 같은 스토리가 경주엔 수없이 많다. 우리가 잃어버린 역사, 아직 발굴하지 못한 땅 속에 묻혀있다. 그래서 경주에 다시 가야 한다.

천년의 기억 우리들의 경주

2023년 9월 15일 초판 발행
2023년 9월 15일 초판 1쇄

지은이 서명수
발행인 서명수
발행처 서고
주 소 (36744) 경상북도 안동시 공단로 48
전 화 054-856-2177
F a x 054-856-2178
E-mail diderot@naver.com

ISBN 979-11-979377-5-0